D1686906

Bewegende Momente

Celler Erinnerungen an den Wiederaufbau der Dresdner Frauenkirche

Rolf-Dieter Diehl

Bewegende Momente

Celler Erinnerungen an den Wiederaufbau
der Dresdner Frauenkirche

Herausgeberin Sigrid Kühnemann

Verlag Ludwig-Harms-Haus

Titelfoto Pfeiler B
Fotos auf der Titelseite: Professor Jörg Schöner, Dresden
Titelgestaltung nach einem Entwurf von Manfred Busch,
Hermannsburg

Die Fotos für dieses Buch wurden freundlicherweise zur
Verfügung gestellt von:
- Professor Jörg Schöner, Dresden
- Renate Beutel, Dresden
- Manfred Lauffer, Dresden
- Fotostudio Margraf, Celle
- Udo Genth, Müden/Örtze

© Verlag Ludwig-Harms-Haus 2008
Layout und Umschlaggestaltung durch den Verlag

Verlag: Ludwig-Harms-Haus GmbH
- Missionshandlung -
Harmsstraße 2, 29320 Hermannsburg
www.ludwig-harms-haus.de

ISBN 978 3 937301 51 8

Inhalt

Vorwort von Professor Dr. Kurt Biedenkopf	7
Prolog und Widmung der Herausgeberin	9
Liebe auf den ersten Blick	11
Der Zusammenbruch der Frauenkirche	13
Der Ruf aus Dresden	15
Erste Begegnung mit Ludwig Güttler	18
Herzlichkeit breitet ihre Flügel aus	19
Schnee im Sommer und tierischer Beifall	22
Erdbeerbowle, ein Hofnarr und das Schokoladenmädchen	24
Autogramme auf feinstem Leder	29
Informationen aus erster Hand	31
Das Celler Salz in der Dresdner Suppe	33
Christstollen mit Klingelton	36
Ein gigantisches Puzzle	42
Celler Gekochte, Sauerkraut und ein Hehlentiner	46
Der Pfeiler B – Das Celler Patenkind	53
Ein Orden geteilt durch zwei	55
Eine spektakuläre Versteigerung	57
Bauchmassage, Orgelpfeifen und die Suche nach Heiderose	59

Mit Volldampf nach Dresden	61
Glockenspiel und Orgelklang	65
Celler Klänge in der Dresdner Frauenkirche	66
Der „Celler Sonntag"	69
Der Herrgott greift ein	72
Bewegende Momente	75
Epilog des Autors	78

Vorwort

Die historischen Fakten des einzigartigen Projektes „Wiederaufbau der Dresdner Frauenkirche" sind schon oft dokumentiert und veröffentlicht worden. Doch Rolf-Dieter Diehl betritt dennoch Neuland. Am Beispiel des Celler Freundeskreises für den Wiederaufbau der Frauenkirche hat er im vorliegenden Buch vornehmlich die zwischenmenschlichen Begegnungen und Emotionen eingefangen, die mit den zahlreichen Aktionen einhergingen.

Der Autor beschreibt auf einfühlsame Weise bewegende Momente, die er in authentische Geschichte(n) hat einfließen lassen: Die Ersteigerung von Gunther Emmerlich durch Sigrid Kühnemann beim „ZDF-Fernsehgarten", das Storchenpaar, das sich in Ludwig Güttlers Benefizkonzert im Kloster Wienhausen einmischte, die „therapeutische Bauchmassage", die der Celler Koch Horst Niebuhr von der Sängerin Deborah Sasson verabreicht bekam, die nostalgische Dampflokfahrt mit „Heizer" Wolf Dammeier von Celle nach Dresden, die humorvollen Auftritte des Dresdner Originals Matthias Schanzenbach und seines „Schokoladenmädchens" in der Residenzstadt, die Bewirtung der Bauarbeiter in der Dresdner Frauenkirche mit „Celler Gekochter" und vieles mehr.

Rolf-Dieter Diehl hat auch hinter die Kulissen geschaut. Er ist dabei auf manch heitere Anekdote gestoßen, die er mit viel Gespür für die Zusammenhänge an die Leser weitergibt. Dabei lässt er zwischen den Zeilen auch eigenen Empfindungen freien Lauf. So wird dieses Buch zu einer respektvollen Verneigung vor all den Menschen, die den Wiederaufbau der Dresdner Frauenkirche initiiert, betrieben und unterstützt haben – und in

Besonderheit vor der von Anfang an vom Erfolg des Wiederaufbaus überzeugten Sigrid Kühnemann.

Professor Dr. Kurt H. Biedenkopf
Ministerpräsident a.D.

Prolog und Widmung

Der Wiederaufbau der Frauenkirche in Dresden hat meinem Leben eine andere Dimension und eine ganz besonders tiefe Bedeutung gegeben. Ich bin dankbar, in dieser Zeit leben zu dürfen und an dieser großen Aufgabe mit beteiligt zu sein, und ich werde weiter beitragen, dass auch die nachfolgenden Generationen durch Spenden in die Lage versetzt werden, den Segen dieser Kirche zu empfangen und weiterzugeben. Ich sehe in dem Jahrhundertwerk Frauenkirche ein Symbol für Frieden und Versöhnung unter dem Motto „Brücken bauen, Versöhnung leben, Glauben stärken". So ist diese Kirche für mich zu einer Missionskirche des 21. Jahrhunderts geworden, in der Menschen Trost und Zuflucht, Freude und Erbauung finden mögen.

Anlässlich der Feier zur Übergabe des Kuppelkreuzes am 13. Februar 2000, war mein geliebter Mann Wolfgang das letzte Mal in Dresden. Am 4. März 2000 starb er ganz plötzlich. Der Abschiedsgottesdienst für ihn fand am 13. März 2000 mit vielen Freunden aus Dresden statt, begleitet durch unseren Freund Pastor Hans-Günter Riechert und musikalisch gestaltet von Ludwig Güttler und Friedrich Kircheis. Wolfgang möge in unseren Herzen weiterleben, wie wir ihn geschätzt und gekannt haben. In seiner so liebenswerten Art ging er auf die Menschen zu und gewann ihre Herzen sofort. In dem Wiederaufbau der Frauenkirche sah er, in der Lutherstadt Wittenberg geboren, auch den Aufbau Ost und das Zueinanderfinden der Menschen aus Ost und West; das war ihm ein sehr wichtiges Anliegen. In aller Fröhlichkeit lebten wir gemeinsam in unserer kinderlosen Ehe unserem Lebensziel und -inhalt entgegen: den Wiederaufbau der Frauenkirche Dresden zu vollenden. Er konnte es nicht mehr erleben, aber die Gewissheit war in ihm. Ich arbeitete in seinem Sinne weiter, es war und ist mir ein Vermächtnis.

Wolfgang Kühnemann mit einer Nachbildung des Kuppelkreuzes

Der Dank gilt auch meinen Eltern, meinem Vater in seinen Grundgedanken: dankbar rückwärts, mutig vorwärts, gläubig aufwärts; meiner Mutter, die mir die Begeisterung für die Musik mitgegeben hat. Diese tiefe Dankbarkeit ist fest in mir verankert meinen Eltern gegenüber, aus dem inneren Reichtum eines glücklichen, harmonischen Familienlebens und später einem sehr erfüllten Beruf als Apothekerin. Durch diese Grundlagen meines Elternhauses, meiner Ehe, meines tiefen Glaubens und der Musik ist mein Leben erfüllt von wundervoller Harmonie. Das ist nur möglich geworden durch den Segen Gottes, der über allem liegt und durch die Begleitung durch meinen lieben Ehemann Wolfgang. Dafür werde ich immer dankbar sein.

Mein weiterer Dank gilt den Menschen, die in dem Freundeskreis hier in Celle den Wiederaufbau begleitet haben, den Spendern, aber auch denen, die bei der beispielhaften Aktion der Dresdner Bank Stifterbriefe erworben haben. In gleichem Maße danke ich den Musikern, den Medien, dem Verleger und dem Autor Rolf-Dieter Diehl.

Sigrid Kühnemann

Bewegende Momente

Celler Erinnerungen an den Wiederaufbau der Dresdner Frauenkirche

„Dresden hat eine große feierliche Lage in der Mitte der umkränzenden Elbhöhen, die in einiger Entfernung, als ob sie aus Ehrfurcht nicht näher zu treten wagten, es umlagern. Der Strom verlässt plötzlich sein rechtes Ufer und wendet sich schnell nach Dresden, seinen Liebling zu küssen."

(Heinrich von Kleist, 1777–1811)

Liebe auf den ersten Blick

Fasziniert schweift der Blick von Sigrid Kühnemann über das Panorama der Dresdner Altstadt. Sie steht mit ihrem Mann Wolfgang auf der Carolabrücke inmitten der wunderschönen Elbauen und schaut auf die Elbterrassen, den „Balkon Europas", wie sie ein Publizist einmal trefflich charakterisiert hat. Es ist ein wunderschöner Oktobertag im Jahr 1991. Die Bäume haben ihr buntestes Kleid angelegt. Die Sonne lacht vom Himmel und taucht die Kulisse in ein festliches Licht, als wolle sie die Bühne für ein bewegendes Schauspiel ausleuchten. Kein Bühnenbildner, kein Beleuchter hätte diese Wirkung und solche Effekte erzielen können. Auch als Dramaturgin ist die Natur unübertroffen.

Die Blicke des Ehepaares wandern verträumt über die malerische Silhouette und verweilen respektvoll auf den historischen Bauwerken, angefangen bei der Brühlschen Terrasse mit der Festung Dresden, weiter über die Kreuzkirche zur ehemaligen Hofkirche und heutigen Kathedrale, schließlich zum Residenzschloss und zur Semperoper. Völlig versunken in diesen Anblick wird ihnen bewusst: Dresden ist nicht einfach nur eine Stadt, sondern vielmehr der Höhepunkt einer einzigartigen Kulturlandschaft, die über Jahrhunderte gewachsen ist und sich dabei kontinuierlich entfalten konnte.

Das Panorama der Dresdner Altstadt mit Silhouette der Frauenkirche

„Wir haben uns sofort in diese Stadt verliebt", erinnert sich Sigrid Kühnemann mit einem versonnenen Lächeln. Dabei war es eher einem Zufall zu verdanken, dass ihr Mann und sie genau zu diesem Zeitpunkt hier waren und dieses gleichermaßen unbeschreibliche wie unvergessliche Bild in sich aufnehmen konnten. Das Apothekerpaar aus Hermannsburg in der Lüneburger Heide befand sich anlässlich einer Tagung in Berlin und hatte die Gelegenheit zu einem Abstecher in das legendäre „Elbflorenz" genutzt, wie der deutsche Philosoph Johann Gottfried von Herder die sächsische Metropole seinerzeit so poetisch und liebevoll tituliert hat.

Das einzigartige Flair und den frischen Atem dieser historischen Stadt spürend spazieren sie über die Brühlsche Terrasse. An der Treppe, die zur Münzgasse hinunterführt, stehen zwei junge Mädchen mit Flöte und Violine und spielen ein kantabel verziertes Stück des Neapolitaners Francesco Mancini. Der Wind zerzaust übermütig ihr Haar, streichelt ihre lachenden Gesichter und spielt mit ihren Notenblättern, während sich Sigrid und Wolfgang Kühnemann wie all die anderen Passanten durch die sie umgebende Kulisse und die verinnerlichte andachtsvolle Musik der beiden Studentinnen ins Barock zurückversetzt fühlen. Sie schreiten die Treppe hinab, bummeln durch die Münzgasse mit den aneinandergereihten Cafés und Restaurants zum Neumarkt, und unvermittelt stehen sie plötzlich vor dem gewaltigen, etwa 70 mal 75 Meter großen und rund 13 Meter hohen Trümmerberg der Frauenkirche. Sie sind sprachlos, fassungslos, angesichts der enormen Ausmaße, die auf keinem Foto und in keiner Beschreibung so bedrückend und unwidersprochen zur Geltung kommen wie hier, unmittelbar am Ort des Geschehens.

Der Zusammenbruch der Frauenkirche

Mit der „Steinernen Glocke", wie die Kuppelkonstruktion wegen ihrer unverwechselbaren Form genannt wurde, hatte die Frauenkirche das Bild der Altstadt über Jahrhunderte wesentlich mitgeprägt. Doch dann, wenige Monate vor Kriegsende, erlebte Dresden mit den überraschenden Luftangriffen in der Nacht vom 13. auf den 14. Februar 1945 die schlimmsten Stunden seiner Geschichte.

Nach dem schrecklichen Bombenhagel glaubte man zwar zunächst noch, das Gotteshaus sei der Zerstörung entgangen. Denn es schien unversehrt, als sich die Brandwolken im Laufe des Tages verzogen. Aber das war ein Trugschluss: Auch die Frauenkirche war dem Feuersturm schutzlos ausgesetzt gewesen, der vom Coselpalais her kommend durch die zersprungenen Glasfenster ins Innere gedrungen war und im hölzernen Gestühl reichlich Nahrung gefunden hatte. Dennoch stand sie noch aufrecht inmitten der Trümmer der Altstadt, ragte mit ihrem glänzenden Turmkreuz heraus aus den sie umgebenden brennenden Gebäudeteilen, als wolle sie dem Schicksal trotzen.

Erst Stunden später brach sie unter ihrer Last zusammen, wie eine Mutter, die in ihrer schwersten Stunde standhaft bleiben möchte, aber deren Beine ihr nicht mehr gehorchen, als sie erschüttert auf die Särge ihrer verunglückten Kinder hinabschaut. „Zunächst war es nur ein knisterndes Geräusch", erinnert sich eine Augenzeugin, „vielleicht wie das Geräusch einer Wunderkerze. Und dann verwandelte es sich plötzlich in ein herannahendes Gewittergrollen, bedrohlich und mit einem unvorstellbaren Getöse verbunden." Die Pfeiler, welche die Kirche getragen und gestützt hatten, versuchten vergeblich, auch weiterhin standzuhalten. Doch die unsägliche Hitze der Zerstörung hatte sie unaufhaltsam ausgeglüht und den Sandstein mürbe gemacht, und nun konnten sie der tonnenschweren „Steinernen Glocke" keinen Halt mehr geben und sackten am 15. Februar gegen 10 Uhr wehrlos in sich zusammen.

Der damals 13-jährige Klaus Herrich konnte es nicht fassen, als er wenig später vor den noch rauchenden Trümmern „seiner" Kirche stand. Tränen liefen über seine Wangen. Noch im Jahr zuvor hatte er vor dem Altar gestanden und als Mitglied des Schulchores in der Matthäus-Passion den Cantus firmus gesungen. Ungläubig starrte er nun auf das schwarze, hoch aufragende Ruinenstück, das mit seiner leeren Fensterhöhle wie ein stummer Ankläger mit toten Augen auf der Schutthalde wirkte. Fast fünfzig Jahre sollte es dauern, bis Klaus Herrich den Altar wiedersehen würde, vor dem er, der spätere Tenor der Dresdner Staatsoperette und der Semperoper, als kleiner Bub so stolz das „Agnus Dei" gesungen hatte.

Der Ruf aus Dresden

Etwa vier Wochen später irrte Hans Nadler durch die Trümmer der Stadt. „Sie waren noch warm", erzählte der spätere Ehrenbürger Dresdens immer wieder ergriffen, wenn er darauf angesprochen wurde. Der junge Denkmalpfleger kam damals direkt von der Front in Norwegen in seine Heimatstadt. Er war der erste, der damit begann, die Steine zu sammeln und zu kennzeichnen und – gegen den damaligen Zeitgeist – ganz allmählich entschlossene Nachahmer fand. So rettete er allein fast tausend Steine der Frauenkirche vor den Kulturbanausen der damaligen Stadtverwaltung. Von Anfang an hatte er unbeirrt daran geglaubt, dass die Kirche „mit dem alten Material" wieder aufgebaut werden würde. Und als Leiter der Außenstelle Dresden des Instituts für Denkmalpflege und Honorarprofessor für Denkmalpflege an der Technischen Universität Dresden behielt der bereits 1949 zum Sächsischen Landeskonservator ernannte Hans Nadler in den Folgejahren dieses Ziel immer im Blick und setzte sich vehement für eine kontinuierliche Sicherung und Erhaltung der Ruine mit dem sie umgebenden Trümmerberg ein, die er unerschütterlich und konsequent gegen alle Abrisspläne verteidigte, bis sie schließlich im Jahr 1966 vom Stadtrat zum Denkmal erklärt wurde.

Der 13. Februar wurde zum inoffiziellen Gedenktag. Jahr für Jahr sammelten sich fortan die Menschen an diesem „Mahnmal für sinnlose Zerstörung", dessen übriggebliebene Mauerstümpfe wie riesige Hände wirkten, die hilflos und anklagend in den Himmel ragten. Die Menschen kamen schweigend mit Kerzen und Blumen – freiwillig, ohne Druck, ohne Organisation, und es herrschte jedes Mal eine beängstigende Stille. Und aus den stillen Mahnwachen an den schweigend klagenden Trümmern erwuchs in einer zunächst noch kleinen Gruppe die Hoffnung und der Wunsch, diese Kirche eines Tages wieder aufzubauen und mit Leben zu füllen, eine utopische Illusion für die meisten. Doch mit der „Wende" in Deutschland ergab sich plötzlich die Chance, die Welt um Hilfe zu bitten. Entwicklungen rückten in den Bereich des Möglichen, an die Wochen zuvor noch kaum jemand geglaubt hatte. Man fühlte, dass man etwas bewegen konnte. Und die inzwischen gegründete „Bürgerinitiative für den Aufbau der Frauenkirche" griff ohne zu zögern zu. Sie nutzte die Gunst der Stunde und wandte sich am 13. Februar 1990, also genau 45 Jahre nach dem verheerenden Bombenangriff, mit einem eindringlichen Appell, dem so genannten „Ruf aus Dresden", über die Presse an die Weltöffentlichkeit. Zu den namhaften Unterzeichnern gehörten neben Professor Dr. Hans Nadler unter anderem auch der Musikprofessor Ludwig Güttler, der Theologe Dr. Karl-Ludwig Hoch, der Kunsthistoriker Professor Dr. Hans Joachim Neidhardt, der Hochbauingenieur Dr. Hans-Joachim Jäger und der Kunsthändler Heinz Miech. Sie riefen auf „zu einer weltweiten Aktion des Wiederaufbaus der Dresdner Frauenkirche zu einem christlichen Weltfriedenszentrum im neuen Europa". Und der Ruf wurde in der ganzen Welt gehört und entfesselte ungeahnte Kräfte.

Aus vielen Ländern – von den Niederlanden über Dänemark und Österreich bis nach Brasilien – kamen Spendenbeiträge in Dresden an. Der in New York lebende deutsche Medizin-Nobelpreisträger Professor Dr. Günter Blobel spendete einen großen Teil seines Preisgeldes und gründete die „Friends of Dresden". In mehreren Städten Deutschlands, aber auch in Frankreich, der Schweiz und Großbritannien, in New York und Buenos Aires gründeten sich insgesamt 23 Freundeskreise, die fortan mit Spenden und Benefizaktionen maßgeblich zur

Verwirklichung dieses gigantischen Projektes beitrugen. Unter ihnen auch der Freundeskreis Celle, der von Sigrid und Wolfgang Kühnemann gegründet wurde und mit einer eingebrachten Gesamtsumme von fast einer Million Euro einer der ideen- und erfolgreichsten werden sollte.

Sigrid Kühnemann mit Professor Dr. Hans Nadler

Aber auch die so genannten „kleinen Beiträge" erreichten unmittelbar die Herzen der Dresdner. Stephan Fritz, der erste Pfarrer der wieder aufgebauten Frauenkirche, erinnert sich an eine Rentnerin aus dem Ruhrgebiet, die ihm 20 DM schickte, begleitet von den bewegenden Zeilen: „Lieber Herr Pfarrer, mehr habe ich leider nicht." Stephan Fritz hat sich – wie auch in allen anderen vergleichbaren Fällen – bei dieser Dame mit sehr persönlichen Worten bedankt. „Solche Menschen", sagt er, „offenbaren für einen Moment ihr Innerstes, da reicht es einfach nicht, ihnen nur eine Spendenquittung zuzusenden."

Erste Begegnung mit Ludwig Güttler

Der 30. Januar 1994 war für Sigrid und Wolfgang Kühnemann ein einschneidendes Datum. Sie trafen im Hamburger Hotel „Atlantic" auf den Trompetenvirtuosen Ludwig Güttler, der an diesem Tag in der Hansestadt ein Benefizkonzert gegeben hatte. Spontan sprachen sie ihn an und fragten ihn, ob er nicht auch in Celle zu Gunsten des Wiederaufbaus der Dresdner Frauenkirche ein Konzert geben könne. Ohne zu zögern erklärte der prominente Musiker sofort seine Bereitschaft, vorausgesetzt, man würde „einen passenden Raum dafür finden".

Zielstrebig und voller Eifer setzte Sigrid Kühnemann unverzüglich alles in Bewegung, um das erhaltene Versprechen in die Tat umzusetzen. Unermüdlich suchte sie nach Gönnern und Sponsoren. Es gelang ihr, Landeszentralbankpräsidentin i. R. Dr. Julia Dingwort-Nusseck für die Schirmherrschaft zu gewinnen. Und schließlich konnte dank der großzügigen Unterstützung durch Dekanatskantor Thomas Viezens die Kirche St. Ludwig als Ort für das Konzert gefunden werden. Ludwig Güttler in St. Ludwig – welch schöne Fügung des Schicksals. Allerdings sollte es noch 14 Monate dauern, bis der international renommierte Künstler gemeinsam mit seinem kongenialen Partner, dem Dresdner Organisten Friedrich Kircheis, zum ersten Mal nach Celle kam.

Doch bis dahin blieb Sigrid Kühnemann keineswegs untätig, im Gegenteil. Sie überbrückte die „Wartezeit", um die Celler Bevölkerung zu sensibilisieren und über ihr Anliegen zu informieren. Da kam ihr vor allem die eindrucksvolle Ausstellung über das zerstörte Dresden und den Wiederaufbau von „Elbflorenz" gerade recht, die anlässlich der Musikfesttage Ludwig Güttlers in Hitzacker gezeigt wurde. Sie wusste die Gunst der Stunde zu nutzen, und Dank ihres unwiderstehlichen Charmes und ihrer Überzeugungskraft trat die sehenswerte Ausstellung nach Beendigung der Veranstaltung nicht sofort den geplanten Heimweg nach Dresden an, sondern machte einen Umweg über Celle, wo die mahnenden und gleichwohl zukunftsweisenden und hoffnungsfroh stimmenden Exponate im würdigen Ambiente des Veranstaltungszentrums Congress Union gezeigt wurden.

So konnten sich die zahlreichen Besucher buchstäblich ein Bild von dem machen, wofür sich das Ehepaar Kühnemann so stark engagierte. „Mein Mann und ich waren stets der Meinung, jeder Mensch sollte in seinem Leben einen Beitrag zur Kultur seines Landes leisten", begründet Sigrid Kühnemann ihr Engagement, und das sind keine leeren Worte. „Unsere Beiträge zum Wiederaufbau der Dresdner Frauenkirche sollen die Spuren sein, die wir hinterlassen. Wir sind glücklich, wenn wir dazu beitragen können, dass Menschen aus Ost und West zueinander finden."

Herzlichkeit breitet ihre Flügel aus

Am 15. März 1995 war es dann endlich soweit. Gut gelaunt und voller musikalischem Tatendrang begrüßte der prominente Trompeter Sigrid Kühnemann und hob sie übermütig in die Luft. Und was zu diesem Zeitpunkt noch niemand ahnen konnte: Dieses Konzert war die eigentliche Geburtsstunde der drei Jahre später beginnenden Festival-Tradition „Sachsens Glanz im Celler Land", die in den Folgejahren regelmäßig für ausverkaufte Häuser und volle Spendensäckel sorgen sollte. Denn Ludwig Güttler hatte mit seinem mitreißenden Konzert für eine nachhaltige Begeisterung gesorgt. Da kam die Musik – bildlich gesprochen – nicht über die Holzdielen gepoltert, sondern über's Parkett geschritten. Jeder Moment war mit musikalischem Leben erfüllt, differenziert und subtil ausmusiziert bis in die kleinsten Artikulationsfeinheiten. Der musikalische Ausdruckskosmos wurde bis in die letzten Winkel erforscht, und die gebannt lauschenden Zuhörer wurden bei diesen Seelenerkundungen mitgenommen. „Seele spricht zu Seele" hatte denn auch Sigrid Kühnemann die Empfindungen des Publikums in der St. Ludwig-Kirche in Worte gefasst, nachdem die letzten Töne von Pietro Baldassares F-Dur-Concerto für Trompete und Orgel verklungen waren. Nur Sekunden hatte die andächtige Stille im Publikum angehalten, bevor das Gotteshaus von einem wahren Beifallssturm überflutet wurde. Mit stehenden Ovationen erklatschten sich die Zuhörer noch vier Zugaben – die schönste Form der ausdrücklichen Anerkennung.

„Spürten wir nicht die Herzlichkeit, könnten wir die Flügel für den Wiederaufbau der Frauenkirche nicht ausbreiten", sagte Ludwig Güttler mit sichtlicher Rührung beim anschließenden Empfang im Gemeindehaus. Schon dieses erste Benefizkonzert wurde mit einem Reinerlös von 21.000 DM zu einem ungeahnten Erfolg. Das Gotteshaus am Französischen Garten war quasi aus allen Nähten geplatzt. Viele Musikfreunde hatten wegen der Überfüllung keinen Platz mehr gefunden und mussten sich mit den Klängen, die nach draußen drangen, begnügen. Das blieb natürlich auch den Künstlern nicht verborgen. Und so wurde zur Freude der zahlreichen Güttler-Verehrer, die keine Karte mehr erhalten hatten, trotz des übervollen Terminkalenders des Trompetenvirtuosen kurzfristig noch ein weiteres Konzert vereinbart. Es fand am 28. Juni 1995 in der Marienkirche Wienhausen statt und übertraf mit einem Erlös von 30.000 DM sogar noch das Ergebnis des ersten Konzertes. Welch ein Kompliment für die

Organisatorin Sigrid Kühnemann, aber auch für die Musik Ludwig Güttlers und seines kongenialen Partners an der Orgel, Kirchenmusikdirektor Friedrich Kircheis. Die charakteristische barocke Klangrede mit ihren affektgeladenen, explosiven Kontrasten und ihrer unbändigen Energie kam bei den Celler Musikfreunden bestens an. Und der blumengeschmückte Altarraum erinnerte mit den farbenfrohen Arrangements aus Rittersporn und Lupinen, Nelken und Mohn, blauen Glockenblumen und weißen Margeriten an die großflächigen Blumenaquarelle von Emil Nolde, der ja auch zwischenzeitlich in Dresden gewirkt hat.

Ludwig Güttler und Friedrich Kircheis auf der Orgelempore der Neuenhäuser Kirche

Schnee im Sommer und tierischer Beifall

Als sich am nächsten Morgen die Eheleute Kühnemann mit den beiden Solisten und dem Ehepaar Dingwort-Nusseck bei strahlendem Sonnenschein an den einladend gedeckten Kaffeetisch im idyllischen Garten des Wienhausener Kantors Helmut Siuts und seiner Frau Imke setzten, blieben die Passanten voller Neugierde stehen. Immer mehr Leute spazierten „zufällig" durch die Kirchstraße, um Ludwig Güttler einmal aus der Nähe zu betrachten und vielleicht ein Wort mit ihm wechseln zu können. Es gab nicht wenige in diesem beschaulichen Klosterort, die dem berühmten Dresdner Musikprofessor fast wie zu Zeiten der Klostergründerin Agnes von Landsberg mit einem nahezu vollendeten Hofknicks ihre Ehrerbietung erwiesen, wie Walburg von Jurenak schmunzelnd bemerkte. Auch sie war begeistert von den sächsischen Künstlern und erzählt von einem späteren Open-Air-Konzert, als für das erwartete Publikum die Stühle im Innenhof des Klosters aufgestellt wurden. „Als ich zufällig im obersten Stockwerk aus dem Fenster blickte, wurden in mir unwillkürlich Assoziationen an die Entstehungs-Legende unseres Klosters geweckt", schildert sie. Denn der Anblick der rund 700 eng aneinandergereihten weißen Stühle auf der Rasenfläche wirkte von dort oben wie die Schneedecke, die der Sage nach einst mitten im Sommer eben diesen Anger bedeckt und so den Platz für die Errichtung des Klosters markiert haben soll. „So machte das Benefizkonzert für die historische Dresdner Frauenkirche auf malerische Weise auch eigene Geschichte sichtbar", erinnert sich Walburg von Jurenak mit unverhohlener Freude an diesen bewegenden Moment.

Als Ludwig Güttler mit seinen Musikern die Grasbühne betrat, wurde er von seinem erwartungsvollen Publikum, das mit seinen bunten Hemden und Sommerkleidern die „Schneedecke" der weißen Stühle in ein fröhliches Farbenmeer verwandelt hatte, mit frenetischem Beifall empfangen. Doch den geschulten Ohren des Musikprofessors blieb nicht verborgen, dass sich ungewohnte Klänge in diesen Applaus mischten. Prüfend begaben sich seine Augen auf den Weg der störenden Schallwellen und ungewohnten Laute und fanden schnell die „Übeltäter": Im Storchennest auf dem Giebel des Klosters waren vor einigen Wochen zwei Junge geschlüpft. Und die klapperten nun mit ihren stolzen Eltern um die Wette. Amüsiert verfolgten Musiker und Zuhörer eine Weile das hektische Treiben in luftiger Höhe. Kleine und große Gäste erfreuten sich an diesem seltenen Schauspiel, das in Deutschland so rar geworden ist. Und die Musiker warteten geduldig auf eine Klapperpause, damit sie ihr Konzert beginnen konnten. Doch immer, wenn sie sich gerade auf ihren Einsatz konzentrierten, klapperten ihnen die Störche wieder ins Handwerk. „Ruhe da oben!" rief Ludwig Güttler schließlich den vier Zaungästen zu, und geradezu respektvoll verneigten sich die Störche vor dem großen Meister, hielten buchstäblich ihren Schnabel und verfolgten nun ohne weitere Störung von ihrem Logenplatz aus das musikalische Spektakel auf dem Rasen, was der damalige Oberkreisdirektor Klaus Rathert mit herzlichem Lachen bestätigt. „Nur zwischen den Stücken haben sich die Störche von den klatschenden Zuschauern wieder aus der Ruhe bringen lassen und beteiligten sich mit ihrem ganz speziellen tierischen Beifall am Applaus", erinnert er sich.

Eindrucksvoll – das waren nicht nur die Konzerte, das ist auch die treffliche Umschreibung für das unmittelbare Erleben der Gäste. Der Dresdner Tenor Michael Heim und Marion Möhle, langjährige PR-Agentin des Sängers Peter Schreier, denken voller Anerkennung zurück an ihren Besuch in Celle. Auch sie spürten die zielstrebige Energie von Sigrid Kühnemann. Und sie waren tief beeindruckt von der ungebrochenen Bereitschaft der Menschen im

Celler Land, weit über die heimatliche Grenze hinauszublicken und nach Dresden zu sehen, um an diesem Ort ihren Beitrag zu leisten für den mehr als symbolträchtigen Wiederaufbau der Frauenkirche. „Dass sich Menschen derart engagiert für die Erhaltung kultureller Werte einsetzen, die sie nicht einmal unmittelbar selbst betreffen, hat eine so elementare Vorbildfunktion, dass man einfach mitmachen muss", resümiert Michael Heim. „Ich habe selten eine so volle Kirche gesehen", ergänzt Marion Möhle in Erinnerung an ein Konzert in der Neuenhäuser Kirche. „Wenn sich Hunderte von Kilometern von Dresden entfernt wildfremde Menschen für unsere Frauenkirche engagieren, wie könnten wir dann vor Ort untätig bleiben? Die ganze Atmosphäre hier in Celle wirkte geradezu ansteckend, und wir haben voller Enthusiasmus die Heimreise angetreten." Eine Beobachtung, die auch Baudirektor Dr. Eberhard Burger aus eigener Erfahrung bestätigen kann: „Das auswärtige Engagement hat manchen Dresdner erst so richtig geweckt und förmlich mitgerissen."

Erdbeerbowle, ein Hofnarr und das Schokoladenmädchen

Vom ersten Konzert an war es Sigrid Kühnemann gelungen, durch ihre persönliche Betreuung eine geradezu familiäre Atmosphäre zu schaffen. So entstand auch in der vollsten Kirche niemals die Anonymität einer „Massenveranstaltung", sondern man hatte immer das Gefühl, einer intimen Hausmusik beizuwohnen. Auch das trug von Anfang an dazu bei, dass über das gemeinsame Konzerterlebnis hinaus stets der ursächliche Anlass der Veranstaltung, nämlich die Förderung des Wiederaufbaus der Dresdner Frauenkirche, auf das offen bekundete und ehrliche

Interesse der Gäste stieß und zu zunehmender Solidarität führte. Die gemeinsame Freude an der Musik und die immer wieder aktuellen Fragen und Informationen rund um die Frauenkirche sorgten zudem für unerschöpfliche Gesprächsthemen. Auf diese Weise entstanden am Rande der Konzerte und bei den anschließenden Empfängen viele neue Bekanntschaften, aus denen häufig aufrichtige Freundschaften wurden, was auch Jutta Zoff, langjährige 1. Harfenistin der Staatskapelle Dresden und eine der bedeutendsten Konzertharfenistinnen Europas, bestätigen kann. Die gemeinsame Liebe zur Musik und der kultivierte Umgang miteinander erwiesen sich als starkes Band. Unter den Bäumen vor der Neuenhäuser Kirche lud Sigrid Kühnemann die Gäste regelmäßig noch zu einem Glas fruchtiger Erdbeerbowle ein, um das Konzerterlebnis ähnlich wie in Wienhausen in gemütlicher Atmosphäre ausklingen zu lassen und den Dialog zwischen Cellern und Dresdnern anzuschieben.

Selbst bei Regenwetter ließen sich die Gäste dort die gute Stimmung nicht verderben, denn der Neuenhäuser Pastor Friedhelm Klein hatte vorsorglich zwischen dem Kirchturm und den alten Eichen ein Zeltdach gespannt. Und diese Schutzvorrichtung bewahrte die Leute nicht nur vor dem Regen, sondern verstärkte durch einen Hauch von Weinlauben-Stimmung sogar noch die geradezu familiäre Atmosphäre. Heiteres Lachen und fröhliches Scherzen schallte über den Kirchplatz, und die Zungen wurden zunehmend lockerer. „Die Erdbeerbowle ist heute aber schon sehr früh alle", stellte Sigrid Kühnemann nach einiger Zeit verwundert fest. „Sie ist auch gehaltvoller als sonst", säuselte daraufhin ein froher Zecher und leerte mit kräftigem Zug sein Glas.

„Bist du das Rumpelstilzchen?" Matthias Schanzenbach schaute verdutzt auf das blond gelockte kleine Mädchen, das ihm gerade diese Frage gestellt hatte. Er lachte. Im Kostüm des legendären Hofnarren Frölich aus der Zeit August des Starken kam der beliebte Dresdner Künstler häufig mit nach Celle, um in lockerer Form ein paar lustige Begebenheiten aus dem Leben des „holden Jünglings" und aus der sächsischen Geschichte zum Besten zu geben. Eingebunden in die Vermittlung nützlicher Lebensweisheiten informierte er am Rande der Konzert-Festivals buchstäblich spielend über die sächsische Metropole und ihre Historie. „Nein, junge Deern, ich bin der Hofnarr Frölich", antwortete er also der jungen Dame. Weil sie aber auch mit dem Begriff „Hofnarr" nichts anfangen konnte, bekam sie nun auf dem Vorplatz der Neuenhäuser Kirche eine ganz persönliche und überaus lustige Nachhilfestunde, zu der sich nach und nach immer mehr kleine und große Leute gesellten. Und fast beiläufig erfuhren sie so eine ganze Menge über Dresden und die berühmte Frauenkirche.

„Hofnarr Frölich" (Matthias Schanzenbach) und sein „Schokoladenmädchen"

Matthias Schanzenbach untermalte seinen kurzweiligen Geschichtsunterricht mit den Klängen seiner urigen Nasenflöte, einem erstaunlichen Blasinstrument, das – wie der Name schon vermuten lässt – mit der Nase gespielt wird. Der geöffnete Mund dient als Resonanzraum und bestimmt die Tonhöhe.

Die 1.000ste Praline erhielt im Großformat Ministerpräsident Kurt Biedenkopf, im Bild mit Sigrid und Wolfgang Kühnemann (links) sowie Horst Niebuhr und Susanne Ostler vom „Celler Tor" (rechts)

Den Klangvariationen sind kaum Grenzen gesetzt, von klassischen Melodien bis zum Vogelzwitschern ist alles möglich. Und das führte „Hofnarr Frölich" so gekonnt vor, dass sich manch einer zum Nachmachen angeregt fühlte. Doch fast jeder musste die Erfahrung machen, dass es gar nicht so einfach ist, dem Instrument „mal eben so" einen auch nur halbwegs vernünftigen Ton zu entlocken.

Nur wenige Meter daneben weckte das Dresdner „Schokoladenmädchen" die Neugierde der Gäste. Ihr junges Gesicht strahlte ungekünstelt die zu ihrer Rolle gehörende Frische und Natürlichkeit aus. Bekannt wurde das liebreizende Original, das mit einer überaus romantischen Geschichte verbunden ist, durch ein Ölbild des Schweizer Malers Jean-Étienne Liotard aus dem Jahr 1745, das heute in der Dresdner Gemäldegalerie hängt. Während jedoch die gemalte „La Belle Chocolatière" auf ihrem Tablett dem Betrachter lediglich eine Tasse Schokolade und ein Glas Wasser anbietet, kredenzte ihre Darstellerin in Celle mit graziler Anmut Pralinés mit dem Motiv der Dresdner Frauenkirche und bot sie mit ihrem unwiderstehlichen Charme für den guten Zweck an. Denn auch der Erlös dieser köstlichen Naschwerke, die von Horst Niebuhr, dem Küchenchef des Hotels „Celler Tor" kreiert und zu Hunderten hergestellt worden waren, floss in den großen Spendentopf für den Wiederaufbau.

Symptomatisch für die enorme Spendenbereitschaft war auch der große Zuspruch, den eine Tombola im wunderschönen Ambiente des Klosterparks Wienhausen fand. Zahlreiche namhafte Gönner aus der Celler Geschäftswelt hatten attraktive Sachspenden und Gutscheine gestiftet, und so konnten sich Sigrid Kühnemann und ihre engagierten Mitstreiter schließlich über rund 300 attraktive Preise freuen, die den Losverkauf fast zu einem Selbstläufer machten. Denn jedes zweite Los gewann. Und während „Butler" Werner Rall, stilecht im Schoßrock gekleidet und mit Fliege und Melone versehen, bei strahlendem Sommerwetter den Prosecco unter die Leute brachte, wurden seiner Frau Christiane die Lose förmlich aus der Hand gerissen. „Wir hätten leicht ein Vielfaches davon verkaufen können", erinnert sie sich.

Christiane und „Butler" Werner Rall vor der Marienkirche in Wienhausen

Autogramme auf feinstem Leder

Im Anschluss an die Benefiz-Konzerte in der Celler Stadtkirche St. Marien trafen sich die Eheleute Kühnemann und Ludwig Güttler häufig noch mit Freunden beim „Schweine-Schulzen" in der Neuen Straße, dessen Wirt Udo Röder den Wiederaufbau der Dresdner Frauenkirche durch den Verkauf der „Frauenkirchen-Uhren" in seiner offiziell auch als „Heimliches Rathaus" titulierten historischen Gaststätte tatkräftig unterstützte. Auch an diesem Abend. Doch der nahm einen ungeahnten Verlauf. Denn nachdem einer der Gäste den prominenten Musiker aus Dresden erkannt hatte, bat er ihn arglos, ihm ein Autogramm auf das wertvolle Lederarmband zu schreiben. Überrascht von diesem sehr speziellen Wunsch kam Ludwig Güttler sofort dieser Bitte nach und begann dabei mit dem Gast ein anregendes Gespräch. Das löste wiederum eine ungeahnte Kettenreaktion aus: Von einer Minute zur anderen setzte ein regelrechter Run auf die Sondereditionen dieser exklusiven Uhren mit der stilisierten Silhouette der Frauenkirche auf dem Zifferblatt ein. Und in kürzester Zeit drängten sich die Gäste in einem immer dichter werdenden Pulk um den Tisch vor den heimelig wirkenden Butzenscheiben an der Straßenseite, wo der Startrompeter sein Essen lächelnd zur Seite schob und mit sichtlichem Vergnügen Armband für Armband signierte. Über achtzig Uhren verkaufte Udo Röder innerhalb einer knappen Stunde für den guten Zweck. „Ein Gast erwarb allein zwanzig Stück", erinnert er sich.

Ludwig Güttler spürte die aufrichtige Verbundenheit der Celler Bevölkerung. „Von allen deutschen Städten, die ihr Herz für den Wiederaufbau der Dresdner Frauenkirche geöffnet haben, hat Celle inzwischen die erste Stelle eingenommen", schrieb er schon 1996 in das Gästebuch der Stadt. Die besondere Herzlichkeit, mit der er immer wieder in Celle empfangen wurde, berührte den Musiker jedes Mal aufs Neue. Und sie hinterließ Spuren bei ihm. Das wurde besonders deutlich, als er 1999 krankheitsbedingt seine Teilnahme am Festival absagen musste. Doch das veranlasste ihn keinesfalls, das Konzert einfach ausfallen zu lassen, wie es durchaus verständlich und in solchen Fällen auch branchenüblich gewesen wäre. Im Gegenteil: Er selbst traf Vorsorge, dass das vorgesehene Programm ohne einschneidende Änderungen durchgeführt werden konnte und ließ sich durch seinen Sohn Michael vertreten. So erlebten die begeisterten Besucher in der Celler Stadtkirche an diesem Tage nicht nur ein eindrucksvolles Konzert, sondern auch den ersten Auftritt von Michael

Güttler, seinerzeit Chefdirigent des Klagenfurter Stadttheaters und mit erst 32 Jahren der jüngste Orchesterleiter an einem österreichischen Theater, in der Residenzstadt. Und der fühlte sich gleich wie zu Hause. „Eigentlich muss ich meinem Vater dankbar sein für seine Erkrankung, denn sonst hätte ich das alles hier nicht miterlebt", äußerte er sich später fröhlich gestimmt gegenüber der Presse.

Informationen aus erster Hand

Mit der zunehmenden Spendenbereitschaft der Celler Bevölkerung stieg natürlich auch das Interesse, Informationen über den Sachstand des Wiederaufbauprojektes zu erhalten. Und es spricht für die Anerkennung, die Sigrid Kühnemann in Dresden schon nach relativ kurzer Zeit erfahren hat, dass der das Projekt leitende Baudirektor Dr. Eberhard Burger im Oktober 1996 persönlich in die Residenzstadt kam, um quasi aus erster Hand über den geplanten Verlauf und die Perspektiven des Wiederaufbaus der Frauenkirche zu berichten.

In einem bemerkenswerten, von Lichtbildern untermalten Referat stellte der Bauingenieur den Zuhörern im voll besetzten Plenarsaal des Oberlandesgerichtes das gewaltige Vorhaben anschaulich vor und weckte damit nicht nur – im doppelten Wortsinn – Verständnis, sondern auch größten Respekt vor dem unerschütterlichen Willen der Initiatoren und Förderer dieses gigantischen Projektes. Gespräche mit der Redaktion der Celleschen Zeitung und mit Oberbürgermeister Dr. Herbert Severin rundeten seinen Informationsbesuch ab.

In diese Reihe der Aufklärung und Sachverhalts-Vermittlung fügte sich adäquat eine Ausstellung ein, die etwa zur gleichen Zeit in der Celler Congress Union zu sehen war. Unter dem Titel

„Sand – Stein – Kirche" nahm der italienische Künstler Enrico Scotta darin das Schicksal der Frauenkirche zum Anlass, auf die Chancen zu einem weltoffenen Verständnis füreinander hinzuweisen, immer im Bewusstsein, Teil eines Ganzen zu sein. „Das Sandkorn, verfestigt im Gestein, das Bauwerk, gestaltet aus Stein, weist auf den Kreislauf der Natur hin", ließ sich seine Philosophie interpretieren. Enrico Scotta, der in Perugia, selbst eine Stätte alter hoch entwickelter Kulturen, aufgewachsen ist, hatte sich nach eigenen Angaben von den Steinen aus dem Trümmerberg der Frauenkirche anregen lassen, über das Woher und Wohin nachzudenken. Ausgehend vom Sandkorn, aus dem der Sandstein und dann die Frauenkirche entstanden ist, hatte der Künstler in einem großen Bogen die Zeit und ihr archäologisches Profil gestaltet, um schließlich mit seinen Visionen in Vorstellungsbereiche zu führen, die „nicht in Stein verharren", was er am Beispiel der Dresdner Frauenkirche adäquat zu vermitteln wusste. 40 Prozent des Erlöses aus dem Verkauf der Reproduktionen seiner „Sandgemälde" flossen dann auch in den Spendentopf für den Wiederaufbau der Frauenkirche, sehr zur Freude von Sigrid Kühnemann, die sich ausdrücklich für diese „noble Geste" bedankte. Dr. Hans-Joachim Jäger, Geschäftsführer der Fördergesellschaft zum Wiederaufbau der Frauenkirche, der extra zur Vernissage aus Dresden angereist war, war ebenfalls fasziniert von dem Kunstprojekt und der damit verbundenen spannenden Möglichkeit, zu erfahren, wie sich ein Künstler diesem Thema nähert.

Anlässlich dieser Ausstellung gab Celles Oberbürgermeister Dr. Martin Biermann eine von vielen möglichen Antworten auf die Frage, warum in der Residenzstadt so viele Menschen bereit sind, für die Frauenkirche in Dresden zu spenden. „Das Bewusstsein der Celler Bürger", so argumentierte er in seiner Begrüßungsansprache, „in einer historisch schönen Stadt, die im Krieg nicht zerstört worden ist, leben zu dürfen, vermittelt ihnen eben aus diesem Wissen heraus die Verpflichtung, einer Stadt wie Dresden, die ihres kulturellen Reichtums beraubt worden ist, zu helfen."

Das Celler Salz in der Dresdner Suppe

Die Festival-Reihe „Sachsens Glanz im Celler Land" lockt zunehmend mehr Menschen aus Nah und Fern in die Herzogstadt. Nicht nur die vielen „fremden" Auto-Kennzeichen legen Zeugnis davon ab. Zwischen der sächsischen Mundart der Gäste und dem welfisch gefärbten Ton der Einheimischen sind auch immer häufiger Dialekte aus anderen deutschen Regionen deutlich zu vernehmen.

Kein Wunder: Ludwig Güttler ist in Celle zu einem kulturellen „Zugpferd" geworden, wie man das im Volksmund so trefflich nennt. Und das liegt nicht zuletzt an seiner authentischen und geschmackvollen Interpretation barocker und frühklassischer Klänge, bei der er seine barocke Solotrompete ebenso virtuos zum „Singen" bringt wie das von ihm modifizierte und mit einem unvergleichlich weichen Klang ausgestattete historische Jagdhorn Corno da caccia. Der damalige Celler Oberbürgermeister Dr. Herbert Severin sprach in diesem Zusammenhang von einer „Aufwertung des Musiklebens in einer zuvor nie erfahrenen Form", die durch die Festivals erreicht worden sei.

Ob im Duett mit Friedrich Kircheis oder mit dem Leipziger Bach-Collegium oder mit seinen „Virtuosi Saxoniae" – Ludwig Güttlers Musik dient immer der reinen Freude und Entspannung, weil man als Konzertbesucher das Gefühl hat, in einem musikalisch-nostalgischen Zeitalter zu Gast zu sein, in dem man sich noch unbeschwert und mit vollem Genuss dem Rausch der Klänge hingeben konnte. Das spricht sich herum, und so sind die Karten für seine Konzerte sehr gefragt. Ludwig Güttler präsentiert sich zudem immer als perfekter Botschafter seiner Stadt Dresden und als engagierter vertrauenswürdiger Werber für das Wiederaufbau-Projekt der Frauenkirche. Und er wird nicht müde, den vielen Menschen zu danken, die dieses Projekt so nachhaltig unterstützen. Das zeigt ihn von seiner überaus menschlichen Seite und macht ihn zusätzlich sympathisch.

Sigrid Kühnemann mit Ludwig Güttler und seiner von ihr ersteigerten Trompete

Anlässlich eines Benefiz-Konzertes, das er mit seinem Blechbläser-Ensemble im Dezember 1996 in der Großen Kreuzkirche in Hermannsburg gegeben hatte und in dessen Folge Sigrid und

Wolfgang Kühnemann ihm einen Scheck über 70.000 DM überreichen konnten, richtete Ludwig Güttler wie stets nach seinen Auftritten sein Wort an das Publikum. Mit spürbarer Dankbarkeit und Anerkennung erklärte er, dass „der Celler Freundeskreis der erfolgreichste in ganz Deutschland" sei, nicht nur im Hinblick auf die Bereitstellung von Spenden und Mitteln für den Wiederaufbau, sondern auch, was die Aktivität und das Begeistertsein anlangt. „Sigrid und Wolfgang Kühnemann, die diesen Freundeskreis anführen", stellte Ludwig Güttler bewegt fest, „sind das Celler Salz in der sächsischen Suppe des Wiederaufbaus."

Ein halbes Jahr vorher, am 19. Juni 1996, war es am Rande eines Konzertes in der Marienkirche in Wienhausen zu einer bewegenden Szene gekommen. Denn der „Pavarotti des Blechs", wie Ludwig Güttler einmal anerkennend vom „Spiegel" tituliert worden ist, hatte unmittelbar nach der letzten Zugabe seine Trompete an Sigrid Kühnemann übergeben, die das Instrument erst zehn Tage zuvor bei der Lufthansa-Benefizgala „Faszination Musik und Technik" in Hamburg für 22.000 DM – natürlich zu Gunsten der Dresdner Frauenkirche – ersteigert hatte. Doch zuvor sollte die Trompete noch einmal den „Ruf aus Dresden" symbolisch in Erinnerung rufen, und deshalb wurde sie in Wienhausen letztmalig durch Ludwig Güttler zum Einsatz gebracht. Allerdings wird sie auch zukünftig nicht schweigen, sondern weiterhin erklingen. Denn Sigrid Kühnemann stellt das Instrument leihweise unter anderem talentierten Nachwuchsmusikern für den Wettbewerb „Jugend musiziert" zur Verfügung.

Christstollen mit Klingelton

Gemengt, geformt und gebacken ist der Christstollen noch ein "unfertiges Kindlein. Erst danach bekommt er seine Identität: Langsam und sanft wird er mit zwei Pfund zerlassener heißer Butter betupft und getränkt. Nach feiner Vanille duftender Zucker sinkt wie Schneewolken auf ihn hernieder, bis er endlich heimgetragen wird, mit einer Fahne süßen Duftes hinter sich, die im Advent die ganze Stadt durchzieht und aus allen Backstuben, aus allen Hausfluren herausatmet." So heißt es in einem alten überlieferten Rezept zur Herstellung des Dresdner Christstollens, dem der Dresdner Weihnachtsmarkt übrigens auch seinen angestammten Namen "Striezelmarkt" verdankt, denn das traditionsreiche Gebäck wurde als sinnbildliche Darstellung des in weißen Windeln gewickelten Christkindes ursprünglich "Striezel" genannt.

Dresdner Christstollen auf dem Celler Weihnachtsmarkt

Blick auf die Frauenkirche im Januar 2008

Der Altar nach seiner Bergung

Der Altar nach seiner Wiederherstellung

Blick auf Altarraum und Orgel

Der betörende Duft des frischen Backwerks durchzog wohl auch das voll beladene Auto von Sigrid Kühnemann, als sie mitten in der Nacht mit ihrer Freundin Lilo Richter auf der Heimfahrt von Dresden nach Hermannsburg war. In Kofferraum und Fond ihres Pkw hatte sie rund einhundert Original Dresdner Christstollen verstaut, die als Nachschub für den Celler Weihnachtsmarkt bestimmt waren. Der Verein Celler Köche und dessen Jugendgruppe verkauften dort Jahr für Jahr Hunderte von Stollen zugunsten des Wiederaufbaus der Dresdner Frauenkirche. Professor Dr. Walter Keim, als Karikaturensammler vor allem unter Kunstfreunden ein Begriff, hatte noch für einen zusätzlichen „Magneten" gesorgt. Denn gegen ein angemessenes Honorar – natürlich ebenfalls für die Frauenkirche bestimmt – konnte sich jeder Interessent am Stollenstand von einem namhaften Karikaturisten porträtieren lassen.

Der Stollenverkauf stieß immer wieder auf große Resonanz. Denn jeder wollte unbedingt wenigstens einmal das Original dieses Königs unter den Backwerken probieren, das in der Adventszeit jede festliche Kaffeetafel krönt, und sich von der Einzigartigkeit seines geheimnisvoll würzigen Geschmacks überzeugen. Und wer einmal das Original mit dem goldenen Siegel gekostet hatte, blieb dabei, zumal auch der weihnachtliche Duft des dazu angebotenen köstlichen Orangenpunsches verlockend durch die Nasen der Weihnachtsmarktbesucher strich. Nicht nur einzelne Stücke zum sofortigen Verköstigen fanden dabei pausenlos Abnehmer, sondern auch ganze 400-g-Stollen, für die sogar schon lange vor der Aktion zahlreiche Vorbestellungen abgegeben wurden.

Es war kurz nach Mitternacht. Sigrid Kühnemann hatte die Autobahn bereits verlassen und befand sich auf der Bundesstraße Richtung Celle. Aus dem Radio erklang dezente vorweihnachtliche Musik, als es im Auto plötzlich klingelte. Während Sigrid

Kühnemann ein wenig erschrocken das unverhoffte Geräusch aufnahm und es zuzuordnen versuchte, erkannte Lilo Richter sofort den untrüglichen Klingelton ihres Handys. Und siedend heiß wurde ihr bewusst, dass es ihr beim Verpacken wohl unbemerkt entglitten und irgendwie inmitten der Stollen gerutscht sein musste. Doch es war unmöglich, das Handy auf die Schnelle zwischen den vielen Kartons ausfindig zu machen und den Anruf entgegenzunehmen. Da dürften für Dr. Lothar Richter, der sich eigentlich nur nach dem Befinden seiner Frau und ihrer voraussichtlichen Ankunftszeit erkundigen wollte, einige sorgenvolle Minuten verstrichen sein, bis ihn schließlich der aufklärende und beruhigende Rückruf erreichte.

Ein gigantisches Puzzle

Klaus Herrichs Blick fällt aus dem Fenster seines Büros am Neumarkt unmittelbar auf die Frauenkirche. Tag für Tag sieht er die vielen Menschen in das Gotteshaus strömen. Seine Stimme klingt ergriffen, als er sagt: „Ist es nicht sehr viel schöner, dass wir nun in der Kirche Kerzen der Dankbarkeit und der Freude, der Hoffnung und der Zuversicht entzünden können statt in bitterer Wehmut mit Blumen und Kerzen vor einem Trümmerberg zu stehen?"

Wie er begaben sich ungezählte Menschen immer wieder zur Baustelle und schauten bei der Beräumung zu, die wie ein gigantisches Puzzle anmutete. Akribisch wurde der Trümmerhaufen der Kirche Stein für Stein abgetragen. Alle brauchbaren Zier- und Werksteine wurden vermessen und katalogisiert. Mehr als 22.000 t Steine und Schutt wurden bei dieser Aktion geräumt und sortiert und in riesigen Lagerregalen auf dem Neumarkt aufgereiht. Passanten und Touristen staunten, wie sich die Regale allmählich füllten. An einem eisig kalten Tag im Dezember 1993 war die Menschenmenge besonders groß, die sich an der Baustelle eingefunden hatte und von Minute zu Minute weiter wuchs. Wie ein Lauffeuer hatte sich die Nachricht verbreitet, dass man unter den Trümmern den Altar gefunden habe, der noch erstaunlich gut erhalten war. Die Fachleute begründeten das damit, dass sich beim Einsturz der Kirche andere Trümmerteile wie eine schützende Decke über ihm ausgebreitet und ihn so vor größeren Schäden und endgültiger Zerstörung bewahrt hatten.

Auch Klaus Herrich, langjähriger Tenor an der Semperoper, der sich im August 2001 mit einem Kästner-Abend in der Cyriakus-Kirche in Groß Hehlen auf eindrucksvolle Weise beim Celler Freundeskreis für dessen unermüdliches Engagement bedankt hatte, befand sich unter den vielen Menschen und bewegte sich geduldig Schritt für Schritt mit der Schlange vorwärts. Dann stand er zum ersten Mal nach fast fünfzig Jahren wieder vor dem Altar, der für den jungen Sängerknaben von einst mit soviel Emotionen verbunden war. „Es war ein unbeschreiblicher Moment", erinnert er sich. Zitternd vor Kälte legte er seine eiskalten Hände auf den Altar und nahm wie ein Erfrierender die emotionale Wärme in sich auf, die mit dieser Berührung einherging. „Die Menschen hinter mir drängten mich zum Weitergehen, denn natürlich wollte jeder einen Blick auf den freigelegten Altar werfen. Ich weiß nicht, wieviel Zeit vergangen war, als sich meine Beine schließlich ohne mein Zutun wieder in Bewegung setzten."

Niemand schämte sich in dieser Situation seiner Tränen. Es muss ihnen so vorgekommen sein, als hätte man das Herz der Kirche gefunden und könnte nun mit ihrer Wiederbelebung beginnen. Auch für Marion Möhle bleibt dieser Moment unvergessen. „Ich habe geheult vor Rührung", bekennt sie, „und Tausenden anderen Menschen ging es nicht anders." Die archäologische Enttrümmerung, wie die Aktion offiziell bezeichnet wurde, brachte noch manch andere Überraschung zum Vorschein, etwa das Bährsche Grabmal oder das alte Turmkreuz, das einst auf der „Steinernen Glocke" thronte. Doch es war zu stark beschädigt, um wieder an seinen angestammten Platz zurück zu können. So hat es später einen Ehrenplatz im Inneren der Kirche erhalten, in unmittelbarer Nähe des Pfeilers B, wo es heute aus nächster Nähe besichtigt werden kann.

Ein gigantisches Puzzle

Am 27. Mai 1994 wurde unter großer Anteilnahme der Bevölkerung der erste Stein zum Wiederaufbau „versetzt". Nach dieser symbolischen Grundsteinlegung verschwand der Torso hinter Gerüsten und grünen Planen wie ein Patient, der während der Operation unter grünen Tüchern verschwindet, um Schmerzen,

Blut und Tränen zu verdecken. Der Wiederaufbau der Frauenkirche hatte begonnen. Den Anfang machte der Bau der so genannten Unterkirche, die bereits zwei Jahre später geweiht werden konnte und den vielen Gläubigen und sonstigen Besuchern schon lange vor der umfassenden Fertigstellung der Frauenkirche einen Raum für Gottesdienste und Konzerte bot.

Um auch im Freien weitestgehend wettergeschützt arbeiten zu können, bediente man sich eines eigens dafür konzipierten Wetterschutzdaches, das analog zum Fortschritt der Bauarbeiten hydraulisch angehoben werden konnte. So wuchs das Gotteshaus bei jedem Wetter und selbst im Winter Jahr für Jahr kontinuierlich weiter, pro Jahr ungefähr um acht Meter, und jedes Mal, wenn sich das Wetterschutzdach unter zahlreichen Blicken wieder ein Stück nach oben bewegte, war dies für alle ein sichtbares Zeichen für den erfolgreichen Baufortschritt. Erstmals wurde in unserem Land aus einer Ruine ein solch großes Gebäude rekonstruiert.

Die zu Paletten aufgeschichteten Steine auf dem Dresdner Neumarkt

„Mit ihrem Wiederaufbau gewinnen wir ein Stück des kleingliedrigen anheimelnden Dresden zurück", sagte Ludwig Güttler einmal anlässlich eines Interviews und nannte sie „ein Pendant zum großzügigen höfischen Ensemble um den Zwinger". Während die Frauenkirche äußerlich vor aller Augen kontinuierlich in die Höhe wuchs, begannen im Inneren bereits die Ausbauarbeiten. „In vielen Fällen mussten alte Handwerkstechniken wieder neu erlernt werden", erläutert Dr. Eberhard Burger. Der Sandstein etwa musste haargenau gesägt und eingepasst werden, eine Tischlerei baute die Brüstungen und das Gestühl ein, auf dem einmal nahezu 2.000 Menschen Platz finden sollten, und Kunstmaler gaben dem Kirchenschiff mit viel gestalterischer Sorgfalt sein barockes Gesicht zurück, indem sie mit großer Liebe zum Detail die ursprünglichen Wandmalereien wiederherstellten. Jeder lieferte auf seine Weise seinen Beitrag zum historisch genauen Wiederaufbau des einzigartigen Gotteshauses.

Celler Gekochte, Sauerkraut und ein Hehlentiner

Das sporadische Anheben des Wetterschutzdaches erinnerte in seiner Auswirkung fast ein wenig an den weißen Rauch aus der Sixtinischen Kapelle. Denn hier wie dort signalisierte die symbolische Nachricht dem Außenstehenden, dass es etwas zu feiern gibt, ohne dass ihm in diesem Moment schon Einzelheiten bekannt werden. So gestaltete sich diese ursprünglich eigentlich nur bautechnische Maßnahme in eine symbolträchtige „Mitteilung", die Petersplatz-ähnliche Festtagsstimmung auf dem Neumarkt erzeugte. Das Dresdner Baustellenfest war geboren und sollte fortan zu einer regelmäßigen Veranstaltung und Bereicherung des Wiederaufbau-Projektes werden. Von Beginn an hatte auch hier der Celler Freundeskreis seine hilfreichen Hände im Spiel. Denn gemeinsam mit dem Verein der Celler Köche sorgte der rührige Verein beim Baustellenfest für eine Bewirtung der Bauarbeiter. Eine Tradition, die eher aus einem Zufall heraus entstanden war.

Schon lange vorher und unabhängig von diesem konkreten Anlass hatten sich Sigrid und Wolfgang Kühnemann nämlich immer wieder mit der Frage beschäftigt, wie man den vielen Arbeitern, den Handwerkern und Künstlern, die mit großer Passion und hohem Respekt vor dem Material ihre wertvolle Arbeit ausführten, einmal ein ganz persönliches Dankeschön zukommen lassen könnte. Sie bezogen die Familie Heine, die in ihrem Hotel „Celler Tor" in Groß Hehlen nach den Konzerten oft den Empfang ausrichtete, in ihre Gedankengänge ein. Auch Chef-

Celler Gekochte mit Kraut für die Dresdner Bauarbeiter

koch Horst Niebuhr und Gärtnermeister Bernd Heindorff beteiligten sich an diesen Überlegungen, und fortan zerbrachen sie sich gemeinsam die Köpfe. Und nach vielen Vorschlägen, die meist aus verschiedenen Gründen immer wieder verworfen wurden, kamen sie schließlich auf den Gedanken, den Spendenscheck aus dem Erlös des Christstollen-Verkaufs einfach mal in Verbindung mit einer zünftigen Brotzeit zu überreichen.

„So können wir sichtbar unsere Verbundenheit mit den Bauarbeitern zum Ausdruck bringen, die den zügigen Baufortschritt durch ihren Fleiß erst möglich machen", freute sich Sigrid Kühnemann. Sofort waren alle Feuer und Flamme für diese Idee, die sie unverzüglich in einen konkreten Plan umsetzten. Mit dem Scheck in der Tasche und einem Original Heidschnucken-Ragout im Gepäck zur nicht nur symbolischen Stärkung der Bauarbeiter fuhren die Celler Köche nach Dresden, wo sie mit großem Hallo begrüßt wurden.

Aus dieser „einmaligen" Aktion entstand die traditionelle Bewirtung der Baustellenfeste. Allerdings wurde das Menü den Wünschen und Vorlieben der Arbeiter entsprechend nach und nach modifiziert. Denn das Heidschnucken-Ragout hatte sich als ein wenig „zu fein" für das Baustellen-Ambiente und nicht rustikal genug für eine zünftige Brotzeit erwiesen und wurde wieder von der Speisekarte gestrichen. Statt dessen entschieden sich die Celler Köche auf Anregung der Dresdner Bauarbeiter für eine etwas deftigere Mahlzeit: Würstchen mit Kraut. Aber es sollte nicht irgendein Würstchen sein, sondern eines mit deutlichem Bezug zum Celler Land und damit auch zu seinen Celler Sponsoren.

Und so wurde kurzerhand die Hermannsburger Landschlachterei Hiestermann mit ins Sponsoren-Boot geholt, deren hausgemachte Spezialität „Celler Gekochte im Saitling" viele Freunde unter den Gourmets in der Region hat. Diese Wurst in der

Art eines Wiener Würstchens, aber sehr viel würziger und eben deftiger, würde auch den Dresdnern schmecken, da war man sich sehr sicher. Dazu sollte es Sauerkraut geben. Und zur Abrundung stiftete das „Celler Tor" seinen hauseigenen „Hehlentiner", einen nach einem alten Familienrezept nur aus Heidezutaten bestehenden Weizenkorn mit einer charakteristischen Honigsüße, die jedoch durch einen Minzezusatz gewissermaßen wieder abgeschwächt wird und so – bei mäßigem Genuss – keine „schweren" Auswirkungen nach sich zieht, wie der Hausherr versichert.

Ein extra Obstkorb für Dr. Eberhard Burger

Die Bewirtung der Dresdner Bauarbeiter stieß in der ganzen Region auf positives Echo, und so hatte Sigrid Kühnemann keine Probleme, weitere Unterstützung für die Umsetzung dieser wunderschönen Idee zu finden. Die Fruchthandlung Othmer aus der

Zöllnerstraße spendierte reichhaltig gefüllte und appetitlich angerichtete Obstpräsentkörbe, geradezu zum Reinbeißen. Und das Hermannsburger Autohaus Busch-Bidenharn stellte spontan einen VW-Transporter für die Fahrt bereit und übernahm auch die Kosten für den Transport. So machten sich Sigrid und Wolfgang Kühnemann, Peter Hiestermann und die Celler Köche anlässlich des nächsten Baustellenfestes mit rund 400 Celler Gekochten und etwa 30 kg Sauerkraut sowie diversen Obstkörben und einem Sortiment Hehlentiner-Flaschen auf die Reise nach Dresden. Und für Baudirektor Dr. Eberhard Burger, einem bekennenden „Apfelfan", hatte Heinz Othmer der Celler Delegation noch einen gesonderten Präsentkorb mit zehn verschiedenen Apfelsorten mitgegeben. Dieter Heine, seine Ehefrau Elisabeth und ihre Tochter Susanne Ostler beteiligten sich persönlich an der Bewirtung vor Ort, und Ludwig Güttler verteilte gut gelaunt das Obst unter den Handwerkern.

Rund 200 Bauarbeiter, Verantwortliche, Repräsentanten und Sponsoren nahmen regelmäßig an diesen Baustellenfesten teil. Und auch Ministerpräsident Professor Kurt Biedenkopf und seine Frau Ingrid ließen es sich nicht nehmen, an dieser mehr als symbolischen Feier teilzunehmen. Bunt gemischt saßen sie dann alle beieinander und freuten sich gemeinsam über den Fortschritt der Bauarbeiten. Jeder spielte eine gleich wichtige Rolle bei diesem gigantischen Projekt, jeder von ihnen hatte dasselbe Ziel vor Augen, das vermittelten sie sich auf diese Weise ohne Worte, und keiner von ihnen verließ vorzeitig den Platz. Ein beispielhaftes Zeichen der Solidarität unter allen Beteiligten. Jedem wurde bei diesen Festen sichtbar vor Augen geführt, wie weit ihr Projekt schon gediehen war. Der Blick nach draußen über die Dächer von Dresden reichte von Mal zu Mal weiter, und die Menschen unten auf dem Platz wurden scheinbar immer kleiner, so, als würde man in einem Flugzeug sitzen, das gerade abhebt.

Denn gefeiert wurde immer auf der jeweiligen Gerüsthöhe, das heißt dort, wo gerade ein Bauabschnitt beendet worden war. Anfänglich fanden also diese Feste zwar noch ebenerdig statt, doch mit zunehmendem Baufortschritt ging es natürlich allmählich buchstäblich nach oben. „Die Celler Köche kamen sichtlich ins Schwitzen, als sie erstmals auf 35 Meter Höhe gezogen wurden", erinnert sich Dr. Eberhard Burger mit einem verschmitzten Lächeln. „Kein Wunder", sagt dazu Horst Niebuhr. „Der Lastenaufzug kam mir vor wie ein frei schwebender Paternoster, mit dem der Wind wie mit einem Jojo sein fröhliches Spiel trieb." Doch rückblickend räumt der Koch augenzwinkernd ein, „mehr Angst um den wertvollen Hehlentiner" in seiner Hand gehabt zu haben als um sich selbst.

Ein unvergesslicher Moment wurde Sigrid Kühnemann von den Bauarbeitern beschert, als sie mit Blick auf die Kuppel einmal den Wunsch äußerte: „Da möchte ich unbedingt einmal hoch." Spontan wurde ihr entgegnet: „Sie haben uns geholfen, jetzt helfen wir Ihnen." Und man nahm sie quasi bei der Hand und geleitete sie sicher quer durch die aufgebauten Gerüste bis ganz nach oben, wo sie mit dem unbeschreiblichen Blick über Dresden den vielen bewegenden Momenten einen weiteren hinzufügen konnte.

*Nach oben ging's
per Lastenaufzug*

Eine Runde „Hehlentiner" von Dieter Heine (links) und Sigrid Kühnemann für Professor Ludwig Güttler, Dr. Eberhard Burger und Gunther Emmerlich (von rechts)

Der Pfeiler B – Das Celler Patenkind

Tobias Lochmann war einer der zahlreichen Maurer, die am Wiederaufbau der Frauenkirche aktiv beteiligt waren. Seine Augen werden verdächtig feucht, als er den bewegenden Moment beschreibt, in dem er erstmals einen der vielen Originalsteine in seinen Händen hielt und ihm bewusst wurde, dass er es ist, der diesen Stein wieder „an seine alte Stelle" setzen darf, wo er auch schon rund 250 Jahre zuvor durch den Dresdner Ratszimmermeister George Bähr platziert worden war. „Die Arbeiten an dieser exponierten Baustelle waren mit nichts vergleichbar", sagt er, und man sieht ihm an, wie sehr ihn die Erinnerung daran noch heute bewegt. „Es war nicht irgendein Bauwerk, an dem wir Dresdner Handwerker beteiligt waren, sondern unsere Kirche, die wir wieder aufbauten."

Viele der geborgenen Steine wurden innerhalb der Wände verarbeitet, nur die, die man genau lokalisieren konnte, sind heute als dunkle Steine im äußeren Mauerwerk zu sehen. Doch auch die neu einzuarbeitenden hellen Sandsteine mussten sorgfältig vorbereitet werden. Mit Spezialwerkzeugen und handwerklicher Präzision bearbeiteten die Steinmetze deren Oberfläche so, dass sie der historischen der ursprünglichen Steine entsprach. Und wie ein Bildhauer, der von Beginn an bereits das fertige Kunstwerk vor seinem inneren Auge sieht, war auch Tobias Lochmann immer genau gegenwärtig, wie sich dieser und jeder weitere Stein in das Gesamtwerk einfügen würde. Das war ihm natürlich auch bewusst, als er am 15. Juli 1997 den ersten Stein für den Pfeiler B setzte, einem der Innenpfeiler, die der Kirche in Verbindung mit den Emporen ihre unverwechselbare architektonische Gestalt geben.

Für diesen exponierten Pfeiler, der nach der Bombennacht als erster nachgegeben hatte und sich durch seine – Glück im Unglück – optimale Sturzrichtung sofort und nachhaltig schützend über den

Altar gelegt hatte, hatte Sigrid Kühnemann mit ihrem Celler Freundeskreis ganz bewusst von Beginn an die Patenschaft übernommen. „Der Pfeiler B fällt dem Besucher der Kirche nicht nur sofort ins Auge, sondern entspricht mit seiner großen Symbolkraft auch genau unserer Maxime und Zielsetzung", begründet die unermüdliche Apothekerin mit wohl bedachten Worten diese Entscheidung. „Denn der Celler Freundeskreis möchte sich als tragender Pfeiler des Wiederaufbauprojektes als eines humanistischen Symbols der Völkerverständigung verstanden wissen."

Sigrid und Wolfgang Kühnemann mit einem Segment vom Pfeiler B

Ein Orden geteilt durch zwei

Sigrid Kühnemann legte bei allem, was sie plante und veranstaltete, immer viel Wert auf den richtigen Rahmen. So bewies sie auch immer eine glückliche Hand bei der Auswahl der Veranstaltungsorte, ob es die idyllische Umgebung des Klosters Wienhausen war oder das historische Flair des Rittersaals im Celler Schloss oder eine der wunderschönen Kirchen in Celle, Hermannsburg oder Wienhausen – das Ambiente war stets dem Anlass und dem Charakter des jeweiligen Konzertes angemessen. So machte neben der besonderen familiären Atmosphäre auch der äußere Rahmen die Benefiz-Konzerte in kürzester Zeit zu kulturellen Höhepunkten im Veranstaltungskalender der Stadt Celle. Zahlreiche prominente Gäste unter den ungezählten Besuchern, darunter die ehemaligen Ministerpräsidenten Professor Dr. Kurt Biedenkopf und Dr. Ernst Albrecht, aber auch Prinz Heinrich von Hannover, sorgten für zusätzliches Medieninteresse. Doch nicht nur die unaufhaltsame Spendenbereitschaft in Celle sorgte für Schlagzeilen, sondern auch der immaterielle Wert dieser Benefiz-Konzerte, den Sigrid Kühnemann immer gleichberechtigt neben den finanziellen Erlös stellte und den Ludwig Güttler einmal wie folgt in Worte fasste: „Die Menschen haben durch das Unaussprechliche, das in der Musik passiert, ein weiteres Stück Gemeinsamkeit gefunden."

Am 16. April 1998 wurde Sigrid Kühnemann von Bundespräsident Roman Herzog mit dem Verdienstkreuz am Bande des Verdienstordens der Bundesrepublik Deutschland ausgezeichnet. Sie habe, so Oberkreisdirektor Klaus Rathert in seiner Laudatio, ihr Lebensmotto „Die Welt besteht aus lauter Gelegenheiten, anderen zu helfen und Freude zu bereiten" in zahlreichen Hilfsaktionen und Ehrenämtern umgesetzt und wirksam zum Ausdruck gebracht. Die Ordensverleihung fand im Kreis ausschließlich offiziell geladener Gäste, darunter Landrat Dr. Edzard Blanke sowie der Celler Oberbürgermeister Dr. Herbert Severin und Bürgermeister Knut Rittmeister aus Hermannsburg, im neu gestalteten und feierlich ausgeschmückten Repräsentationsraum der Kreisverwaltung in der Trift statt. „In der aufopfernden Hingabe für den Wiederaufbau der Dresdner Frauenkirche setzt Sigrid Kühnemann ein Zeichen der Verständigung zwischen den Völkern, zum Streben nach Frieden in der Welt und ein Symbol der deutschen Wiedervereinigung", stellte Klaus Rathert „ihr unermüdliches, energisches und oft auch originelles Bemühen um den Wiederaufbau dieses einzigartigen Gotteshauses" in den Mittelpunkt seiner Festrede. Doch der Celler Verwaltungschef machte auch deutlich, dass ein solches Engagement, eine solche Passion, ohne Rückhalt und Unterstützung ihres Ehemannes in diesem Maße nur schwer umzusetzen gewesen wäre. Und spontan heftete er dem sichtlich überraschten Wolfgang Kühnemann unter dem Beifall der Gäste symbolisch die Miniaturschnalle des Ordens an das Revers, nachdem er dessen Frau das Original verliehen hatte.

Bewegt nahm das Hermannsburger Apothekerpaar die hohe Auszeichnung entgegen. „Ich bin glücklich, in eine Zeit hineingeboren worden zu sein, die solche Aufgaben für uns bereithält", äußerte sich Sigrid Kühnemann mit gewinnendem Lächeln, um gleich wieder Werbung für die Unterstützung des Wiederaufbaus zu betreiben: „Die aus Trümmern wiedererstandene Frauenkirche wird ein Symbol für die Heilung der durch den Krieg geschlagenen Wunden sein."

Verleihung des Verdienstkreuzes an Sigrid und Wolfgang Kühnemann durch Oberkreisdirektor Klaus Rathert (rechts)

Eine spektakuläre Versteigerung

Im Sommer 1996 wurde im ZDF-Fernsehgarten im Rahmen des „Marathons der großen Hilfe" eine bundesweite Versteigerungsaktion zu Gunsten des Wiederaufbaus der Dresdner Frauenkirche gestartet. Als „Hauptpreis" winkte dem Meistbietenden ein Tag mit dem Entertainer und Sänger Gunther Emmerlich. Das rief „natürlich" auch Sigrid Kühnemann auf den Plan, deren Gedanken sich sofort auf die Überholspur begaben und vor ihrem inneren Auge die faszinierende Möglichkeit ausbreiteten, im Erfolgsfall den prominenten Künstler für eine Benefizveranstaltung zu begeistern und nach Celle zu holen. Und es gelang: Bei 16.000 DM erhielt Sigrid Kühnemann bei der spektakulären Versteigerung vor der Frauenkirche den Zuschlag, nachdem sie zuvor 34 Mitbewerber, zu denen auch eine bekannte Brauerei gehörte, aus dem Rennen geworfen hatte. Rund 600 Schaulustige und hochrangige Gäste, darunter Sachsens Ministerpräsident Professor Dr. Kurt Biedenkopf und Dresdens Oberbürgermeister Dr. Herbert Wagner, wurden unmittelbar Zeugen der Live-Schaltung nach Mainz, und einige Millionen Zuschauer dürften diesen Moment daheim vor dem Bildschirm erlebt haben, als der TV-Star Gunther Emmerlich unter den Hammer kam und ZDF-Moderator Kai Böcking lautstark verkündete: „16.000 Mark zum Ersten, zum Zweiten und – zum Dritten! Gunther gehört der Dame im blauen Jeansanzug!"

Am 8. Januar 1997 kam Gunther Emmerlich nach Celle, und er kam nicht allein. Für den guten Zweck, für den ihn Sigrid Kühnemann gewonnen hatte, brachte er seine achtköpfige „Semper-House Band" mit und bot den begeisterten Gästen in der ausverkauften Celler Congress Union unter dem Motto „Oper goes Jazz" mitreißenden „Dixieland im Frack". Da bewiesen die eigentlich doch ernsten Musiker, mit welcher Begeisterung sie sich auch der „unernsten" Musik hingeben können. „Wir beginnen beim Barock und enden beim Swing", hatte Gunther Emmerlich versprochen. Da gaben die Zuschauer schnell ihre Heidjer-Zurückhaltung auf ließen sich von dem Banjo spielenden Entertainer und seiner Band mitreißen, die vom „Old Man River" über den „Tiger-Rag" bis zu Brahms „Ungarischen Tänzen" ihr ganzes Repertoire ausbreiteten.

Und am Ende zauberte Gunther Emmerlich der sichtlich bewegten Sigrid Kühnemann mit einem ganz persönlichen Ständchen auch noch ein Tränchen ins Auge, als er nämlich zum Abschluss des Konzertes nur für sie das berühmte „Willst du dein Herz mir schenken" aus Mozarts „Zauberflöte" sang. Bei ihrer ersten Begegnung im Jahr zuvor hatte sie ihm beiläufig erzählt, dass dies ihr Lieblingslied sei, und der sympathische Sänger hatte dieses Wissen nun auf galanteste Weise den 1.200 Gästen im Auditorium kundgetan, deren Eintrittsgelder weitere 50.000 DM für die Frauenkirche einbrachten. Und was zunächst „nur" als ein Tag mit dem TV-Star geplant war, entwickelte sich zu freundschaftlichen Banden, die weitere Benefiz-Auftritte des Sängers in Celle nach sich zogen.

Bauchmassage, Orgelpfeifen und die Suche nach Heiderose

So brachte Gunther Emmerlich am 9. Januar 1998 die amerikanische Sopranistin Deborah Sasson mit in die Heidestadt, die im Duett mit dem sonoren Bass das immer wieder reizvolle Miteinander der Geschlechter in humorvoller Weise auf die Bühne der Congress Union brachte. Mit spannend-amüsanten Wortgefechten und musikalischen Ausflügen in die Opern- und Musicalwelt reichten sie schließlich beim „As time goes by" einander die Hände und hinterließen ein begeistertes Publikum. Dass jedoch die beliebte Künstlerin, die an diesem Tag unter starken Halsbeschwerden litt, überhaupt auftreten und singen konnte, war nicht zuletzt der einfühlsamen Hilfe der Apothekerin Sigrid Kühnemann zu verdanken, die zuvor mit ausgesuchten Heilmitteln dafür gesorgt hatte, dass Deborah Sasson unbeschadet „über die Runden kam".

Nach dem Auftritt bot sich der reizenden Sängerin eine willkommene Gelegenheit, sich für diesen Samariterdienst zu revanchieren. Beim Empfang im „Celler Tor" fiel ihr nämlich die seltsame Blässe von Horst Niebuhr auf. Sie konnte ja nicht wissen, dass der Küchenchef sie wie Tausende anderer Fans verehrte und daher wegen ihres Besuches ziemlich aufgeregt war. Außerdem hatte er unmittelbar zuvor ein neues Sortiment seiner berühmten

Frauenkirchen-Pralinen angefertigt, was zwangsläufig mit mehreren Teigkostproben einhergegangen war. Beides zusammen war ihm gewissermaßen auf den Magen geschlagen, was nun durch die Gesichtsblässe offenkundig wurde. Als Deborah Sasson seine Pein erkannte, legte sie ihm spontan ihre Hand auf den quälenden Magen und verabreichte ihm unter den teils amüsierten, teils neidischen Blicken der versammelten Gesellschaft eine wohltuende Bauchmassage.

Auch Gunther Emmerlich verfolgte lächelnd die offensichtlich lindernde Therapie seiner Kollegin. Zu diesem Zeitpunkt konnte er noch nicht ahnen, dass ein besonderes Erinnerungsgeschenk auf ihn wartete: Eine etwa 150 cm hohe, mit Widmung versehene Orgelpfeife aus der Celler Stadtkirche, die Horst Niebuhr einst erworben hatte, wechselte an diesem Abend ihren Besitzer, sehr zur Freude des Künstlers. Denn sie passt wunderschön zu der kleinen Orgelpfeife aus der Kirche seiner zwischen Jena und Gera liegenden Heimatstadt Eisenberg, die bereits einen Ehrenplatz in seinem Weinkeller eingenommen hatte. Im Gegenzug erhielt Horst Niebuhr eine Flasche Rotkäppchen-Sekt für seine Sammlung, versehen mit der Widmung „Ein edler Tropfen. Das garantiert Gunther Emmerlich."

An diesem Abend war auch Sigrid Kühnemanns Cousine Heiderose Schmidt unter den Gästen. Zu fortgeschrittener Stunde, als die Apothekerin aufbrechen wollte, hielt sie zunächst vergeblich nach ihr Ausschau. Schließlich rief sie laut fragend in den Saal: „Wo ist meine Heiderose?" Die Reaktion folgte prompt: „Hat jemand die Blume von Frau Kühnemann gesehen?"

Nach einem weiteren Benefizkonzert, bei dem Gunther Emmerlich im November 2002 in der Neuenhäuser Kirche Schuberts berühmten Liederzyklus „Winterreise" vorgetragen hatte, kam man im Anschluss ebenfalls wieder im „Celler Tor" zusammen.

Gunther Emmerlich mit Gesangspartnerin Deborah Sasson und beim „Flötenspiel" mit der Orgelpfeife

Der Sänger erinnert sich daran, dass sich damals junge Gastronomen dort zu einer Feier versammelt hatten. Und aus einer vergnügten Laune heraus habe er ihnen zwischendurch zur allgemeinen Erheiterung mit „Im tiefen Keller sitz' ich hier" ein überraschendes Ständchen gebracht. „Mir war einfach danach", lacht er. Hotelchef Dieter Heine wunderte sich allerdings nicht darüber: „Gunther Emmerlich ist wirklich ein Künstler zum Anfassen. Bei einem früheren Aufenthalt hat er sich ebenso spontan unter eine Geburtstagsgesellschaft gemischt und mal eben so zur Freude aller ein richtig herzliches ‚Happy Birthday' angestimmt."

Mit Volldampf nach Dresden

Ein außergewöhnliches Beispiel für den vielfältigen Ideenreichtum und das große Engagement in Celle rund um den Wiederaufbau der Dresdner Frauenkirche lieferte auch der

„Freundeskreis zur Durchführung historischer Sonderfahrten". Die Celler Eisenbahnfreunde wollten auf ihre ganz besondere Weise zum Wiederaufbau-Projekt beitragen. Und so kam der Vorsitzende Wolf Dammeier auf die Idee, von Celle aus eine lukrative Dampflokfahrt in die sächsische Landeshauptstadt zu organisieren, um quasi zwei Fliegen mit einer Klappe zu schlagen: Man wollte nicht nur den vielen Freunden nostalgischer Eisenbahnfahrten ein attraktives und landschaftlich reizvolles Reiseerlebnis bieten, sondern das Angenehme gleich mit dem Nützlichen verbinden und unmittelbar vor Ort einen ansehnlichen Scheck überreichen.

Zielstrebig begann Wolf Dammeier mit der umfangreichen Planung. Er hatte bereits reichlich Erfahrung in der Durchführung solcher Fahrten sammeln können, doch dieses Vorhaben überragte alles Bisherige um Längen. „Es waren nicht Tage, es waren Wochen der Vorbereitung", erinnert sich seine Ehefrau Eva. Eine Route musste ausgearbeitet und mit den Verantwortlichen der Deutschen Bahn abgesprochen werden. Dazu kam die Suche nach Lokomotiven und Waggons und natürlich nach Fahrgästen, die mit dem Kauf einer Fahrkarte auch das angestrebte (Spenden-)Vorhaben unterstützen würden.

Natürlich packte Wolf Dammeier, der 1977 an dem letztmalig angebotenen Heizer-Lehrgang der damaligen Deutschen Bundesbahn teilgenommen hatte, selbst tatkräftig mit an, um den „fahrbaren Landdampfkessel", wie die Dampflok im Amtsdeutsch genannt wurde, in Fahrt zu bringen. Mit 431 Fahrgästen war der viel bestaunte Sonderzug bis auf den letzten Platz besetzt, als er nach all den umfangreichen Vorbereitungen schließlich am 18. Juli 1998 den Celler Bahnhof verließ und seine mehr als sechsstündige Reise über Braunschweig, Magdeburg, Zerbst und Wittenberg nach Dresden-Neustadt begann. Schnaufend nahm die 1930 hergestellte Lokomotive Fahrt auf, hinter sich den Tender sowie neun nostalgische Waggons, darunter der legendäre Kanzelwagen des ehemaligen Fernschnellzugs „Blauer Enzian" aus dem Jahr 1940, ein Gesellschaftswagen, ein historischer Speisewagen und ein Schnellzugwagen aus den 1930er Jahren, in dessen gemütlichen Polstern man das damalige Reisen in der 1. Klasse nachempfinden konnte. Zahlreiche Fahrgäste beugten sich weit aus den Fenstern und ließen sich Dampf und Rauch buchstäblich um die Nase wehen, während Eva Dammeier aus ihrem „Kabuff" per Zuglautsprecher über die Reiseroute informierte und die Vereinsmitglieder unermüdlich um das leibliche Wohl der Reisenden bemüht waren.

Bei strahlend blauem Himmel erreichten sie gegen Mittag den Bahnhof Neustadt und machten sich von dort aus auf den Weg zur Frauenkirche. Über den Albertplatz, vorbei am Erich-Kästner-Denkmal, wanderten sie Richtung Augustusbrücke und erreichten schließlich das andere Elbufer. An den Arkaden des Stallhofs am Langen Gang mit dem Fürstenzug entlang wandernd näherten sie sich dem Neumarkt, und dann standen sie zum ersten Mal vor der „Baustelle" Frauenkirche. „Es war ein unbeschreiblicher Moment", sagt Wolf Dammeier. „Obwohl uns das Bild ja nicht mehr unbekannt war, aber die Realität ist etwas anderes als ein Foto."

Mit einer Ölkanne war sein siebenjähriger Sohn Julius während der Zugfahrt durch die Waggons gegangen und hatte von den Fahrgästen fast 3.000 DM an Spenden sammeln können. Zusammen mit dem Erlös aus dem Fahrkartenverkauf ergab sich damit die stolze Summe von insgesamt 14.000 DM, die Wolf Dammeier – noch in Heizermontur und mit rußgeschwärztem Gesicht – an Baudirektor Eberhard Burger für den Wiederaufbau der Frauenkirche überreichen konnte. Und seinem Sohn wurde eine ganz besondere Ehre zuteil: Bei der anschließenden Andacht in der Unterkirche durfte Julius mit strahlendem Sopran solistisch die berühmte Hymne „Großer Gott, wir loben dich" vortragen. Ein wahrlich bewegender Moment.

Der Dampfsonderzug auf seiner Fahrt von Celle nach Dresden

„Heizerteam" Wolf Dammeier und Sigrid Kühnemann

Glockenspiel und Orgelklang

Seit der Bombennacht vom 13. Februar 1945 war das vielstimmige Geläut der Frauenkirche verstummt. Die meisten der Glocken waren schon während des Krieges demontiert und zu Rüstungszwecken eingeschmolzen worden. Die größte – damals noch intakte – Friedensglocke „Jesaja" wurde beim Bombenangriff auf die Stadt zusammen mit der Kirche zerstört. Nur die aus dem Jahr 1518 stammende Gedächtnisglocke „Maria" hatte den Angriff überstanden und konnte gesichert werden. Die sieben anderen mussten neu gegossen werden.

Glockenweihe durch Landesbischof Volker Kreß auf dem Dresdner Schlossplatz

Auf einem Spezialtransporter wurden die Glocken Anfang Mai 2003 an die Elbe gebracht. Fast 20.000 Menschen hatten sich auf dem Schlossplatz versammelt, um einen Blick auf diese wunderschönen Klangkörper zu werfen, sie einmal zu berühren, ihnen vielleicht ihre eigenen Gedanken und Wünsche mitzugeben, bevor sie im Glockenturm verschwanden. Auch Sigrid Kühnemann, die auch die Herstellung der Glocken bei der Firma Bachert in Baden-Württemberg mit großem Interesse verfolgt hatte, hatte sich diese Gelegenheit nicht entgehen lassen und stand zutiefst gerührt vor den Glocken inmitten der riesigen Menschenmenge. Zum Pfingstfest 2003 erklang zum ersten Mal das neue Geläut der Frauenkirche, angefangen mit der kleinsten bis hin zur größten und schließlich alle zusammen – ein bewegender Moment. Die Kirche hatte ihren einzigartigen achtstimmigen Glockensatz und damit ihre Stimme zurückbekommen und konnte endlich wieder unmittelbar zu den Menschen sprechen. Spontan rief Sigrid Kühnemann nacheinander viele ihrer Freunde in Celle und anderswo an, um ihnen das Glockenläuten über das Handy zu vermitteln und sie so aus der Ferne an diesem historischen Ereignis teilhaben zu lassen.

Zwei Jahre später, im Mai 2005, erhielt die Frauenkirche ihre neue Orgel. Ein originalgetreuer Nachbau der barocken Silbermann-Orgel war leider nicht zu realisieren und hätte zudem den heutigen kirchenmusikalischen Ansprüchen wohl auch nicht mehr genügt. So hatten sich die Verantwortlichen der „Stiftung Frauenkirche" für den Neubau einer „modernen" Orgel entschieden, die jedoch dem äußeren Bild der Silbermann-Orgel weitestgehend nachempfunden werden sollte. Mit der Anfertigung wurde die französische Firma Daniel Kern in Straßburg beauftragt. Das Ergebnis kann sich nicht nur sehen, sondern buchstäblich auch hören lassen: Die mächtige, 4.000 Pfeifen zählende Orgel verfügt über 65 Register und vier Manuale, und es ist für jeden Musikfreund ein Vergnügen, mitzuerleben, wie auch unterschiedlich gewählte Tempi mit dem Nachhall der Kirche harmonisieren.

Weder verschwinden die kompositorischen Details, noch geht die musikalische Einheit verloren. Auch gelingt es mit dieser Orgel beispielhaft, die Musik zu verräumlichen und auf diese Weise Raum und Dynamik zu vereinen. Ein Instrument, das der gelungenen Akustik der Frauenkirche und ihren musikalisch-gestalterischen Möglichkeiten in besonderem Maße gerecht wird. Professor

Celler Klänge in der Dresdner Frauenkirche

Nicht nur Professor Ludwig Güttler und Gunther Emmerlich sorgten mit ihren Benefizkonzerten in Celle für musikalischen Hochgenuss und volle Spendentöpfe, auch andere namhafte Chöre und Orchester stellten sich dem guten Zweck zur Verfügung und bescherten dem Celler Freundeskreis zum Wiederaufbau der Dresdner Frauenkirche unvergessliche Konzertabende. Da gab es die „Dresdner Barocksolisten" unter der Leitung von Eckhart Haupt, die in der Martin-Luther-Kirche in der Hannoverschen Straße ein mitreißendes Flötenkonzert mit Kompositionen von Bach, Vivaldi und Quantz geboten haben. Oder den Bergsteigerchor Sebnitz, der gemeinsam mit dem Philharmonic-Brass-Quintett unter der Leitung von Mathias Schmutzler in der Großen Kreuzkirche in Hermannsburg das Publikum mit seinem stimmungsvollen Repertoire aus Klassik und Romantik begeisterte. Oder das Heeresmusikkorps Hannover unter der Leitung des in Wietze beheimateten Friedrich Szepansky, der mit seinem Ensemble das Publikum in der ausverkauften Congress Union zu wahren Beifallsstürmen hinriss, als er von der Ouvertüre zu Händels „Feuerwerksmusik" bis hin zu einem fetzigen Phil-Collins-Medley dem stupiden Marschmusik-Image von Bundeswehrorchestern eine nachhaltige Absage erteilte. Oder den berühmten Tenor und Bach-Interpreten Peter Schreier, der mit dem Dresdner Organisten

Michael-Christfried Winkler einen Liederabend in Wienhausen gegeben hat und – wie Marion Möhle zu berichten weiß – selten so gelöst war und sich so heimelig gefühlt hat wie beim anschließenden Empfang.

Doch Sigrid Kühnemann holte nicht nur renommierte Musiker für den guten Zweck nach Celle und ins Celler Land, sondern vermittelte auch Celler Musikern einen unvergesslichen Auftritt in der Dresdner Frauenkirche. Eine Verneigung vor der unbeschreiblichen Kraft der Musik, die – wie ihre zahlreichen Aktionen unterstrichen haben – nicht nur Herzen öffnet, sondern auch wildfremde Menschen quasi von einer Note zur anderen miteinander zu verbinden vermag. So trat beispielsweise auf Einladung des Dresdner Kantors Matthias Grünert die Stadtkantorei Celle unter der Leitung von Martin Winkler mit über siebzig Sängerinnen und Sängern in der Frauenkirche auf und kam so in den unvergesslichen Genuss, das einzigartige Flair dieses Gotteshauses aus eigenem Erleben zu erfahren.

Auch das Jagdhornbläsercorps der Jägerschaft Celle unter der Leitung von Günther Kaufmann bekam die Gelegenheit, musikalisch in einem Gottesdienst mitzuwirken. Eine aufregende Angelegenheit, die sich exemplarisch darin spiegelte, dass beim Einstimmen der Instrumente plötzlich ein Hornmundstück metallisch klirrend zu Boden fiel. Jeder, der eine ähnliche Situation schon einmal erlebt hat, weiß, wie laut einem selbst – subjektiv empfunden – ein solches Geräusch vorkommt. Doch dann geriet das Zusammenspiel von Hörnern und Orgel zu einem viel bestaunten klangvollen und harmonischen Miteinander. Und mit strahlenden Hornakkorden und wirkungsvollen Echo-Effekten klang der Gottesdienst schließlich aus. Der anschließende Applaus war wie Musik, und „die Heimfahrt im Reisebus geschah wie auf Flügeln", beschreibt Günther Kaufmann dieses bewegende Erlebnis.

Das Jagdhornbläsercorps Celle im Altarraum der Frauenkirche

Der „Celler Sonntag"

Idyllisch wie ein Wintermärchen zeigte sich Dresden den rund zweihundert Cellern, die sich am 4. Adventssonntag 2005 mit Privat-Pkw´s und gecharterten Bussen auf die rund vierstündige Fahrt in die sächsische Landeshauptstadt gemacht hatten. Mit Landrat Klaus Wiswe und Oberbürgermeister Dr. Martin Biermann waren auch ihre höchsten Repräsentanten mit von der Partie. Und der Junge Chor Celle unter der Leitung von Egon Ziesmann. Denn Dresden und die Frauenkirche hatten dazu eingeladen, gemeinsam einen „Celler Sonntag" mit einem festlichen Gottesdienst zu feiern. Auf diese Weise sollte das jahrelange und überaus erfolgreiche Engagement gewürdigt werden, mit dem die Menschen in der

Heidestadt so viel für den Wiederaufbau der Frauenkirche bewegt hatten. Der Bedeutung dieses Anlasses entsprechend hatte der langjährige Dresdner Oberbürgermeister Dr. Herbert Wagner persönlich die Begrüßung der Celler Gäste vorgenommen.

Die auffällige Kolonne mit CE-Kennzeichen verursachte große Aufmerksamkeit auf der Autobahn. Unter den Fahrzeugen befanden sich auch zwei VW-Phaetons, in Dresden gebaut und dem Celler Freundeskreis vom heimischen Autohaus Schmidt & Söhne für diese Fahrt zur Verfügung gestellt. An deren Steuer saßen Beate Rossbach, eine langjährige Mitarbeiterin von Sigrid Kühnemann, und Werner Jenke, der mit seiner Frau Lilo zu den treuesten Besuchern der Benefiz-Festivals „Sachsens Glanz im Celler Land" gehörte. Bei trockenem Wetter waren sie in der Heide gestartet, und nun standen sie auf dem verschneiten Striezelmarkt, den die meisten bis dahin nur aus den Medien kannten, und ließen sich fasziniert von der strömenden Menschenmenge durch die weihnachtlich dekorierten Budengassen dirigieren, in denen es einladend nach Gewürzkuchen und Glühwein duftete. Der Bummel über diesen wunderschönen Weihnachtsmarkt war ein Erlebnis für sich.

Beim anschließenden Festgottesdienst in der voll besetzten Frauenkirche hatte Semperoper-Tenor Michael Heim die Soloparts übernommen. Am Cembalo begleitet von Frauenkirchen-Kantor Matthias Grünert vermittelte er auf unglaublich einfühlsame Weise die liturgischen Botschaften, während Frauenkirchen-Organist Samuel Kummer den Gesang der Gemeinde untermalte.

In diesem Gottesdienst mitwirken zu dürfen, war für den Jungen Chor Celle „ein unbeschreibliches, überwältigendes, bewegendes Erlebnis" und bedeutete den „absoluten Höhepunkt des Chorjahres", wie die jungen Damen und Herren übereinstimmend vermerkten. Und auch für Sigrid Kühnemann hielt dieser Tag noch eine ganz besondere Überraschung bereit: Als sie das Evangelium verlesen und im Wechsel mit dem damaligen Frauenkirchenpfarrer Stephan Fritz das Fürbittengebet vortragen durfte, ging für sie ein Herzenswunsch in Erfüllung. Inzwischen gehört sie zu den etablierten Lektorinnen der Frauenkirche und ist überaus glücklich, die Gottesdienste in „ihrer" Kirche von Zeit zu Zeit mit gestalten zu dürfen.

Der Junge Chor Celle in der Dresdner Frauenkirche

Beim anschließenden Empfang im Hotel Hilton umschrieb die Vorsitzende des Celler Freundeskreises in ihrem Grußwort die Gründe für ihren viel gelobten Einsatz für den Wiederaufbau der Frauenkirche: „Unsere Gesellschaft kränkelt. Sie muss das Serum der Liebe wieder bekommen. Dieses Medikament kommt aus dem Herzen und ist nicht verkäuflich. Liebe ist das Fundament für alles glückliche Zusammenleben." Und Dr. Martin Biermann stellte daraufhin kurz und prägnant fest: „Wenn alle so denken würden, würde es unserer Gesellschaft besser gehen."

Der Herrgott greift ein

Am 13. Februar 1995, dem 50. Jahrestag der Zerstörung Dresdens, hatte der Herzog von Kent als Vertreter der britischen Krone der Stadt Dresden ein neues Turmkreuz zugesagt. Rund 550.000 Euro hatte der „Dresden Trust" dafür in England gesammelt. Unter den zahlreichen Spendern befand sich – mit einer großzügigen Summe – auch die Queen. Das acht Meter hohe goldene Kreuz fertigte sodann der Londoner Kunstschmied Alan Smith an, der Sohn eines der englischen Bomberpiloten, die 1945 die verheerenden Angriffe auf Dresden geflogen hatten. Welch eine einzigartige symbolische Verknüpfung!

Am 3. September 2003 fielen die letzten Gerüsthüllen und gaben den Blick auf die wiedererstandene Frauenkirche frei. Knapp zehn Monate später wurde ihr Anblick vollendet. Ende Mai 2004 hievte der große Baustellenkran das neue Turmkreuz zunächst auf die mit Kupfer beschlagene Holzhaube, die zu diesem Zeitpunkt, von einem Gerüst und Planen verhüllt, auf dem Platz vor der Kirche stand. Rund 60.000 Zuschauer hatten sich auf dem Neumarkt eingefunden, als der Kuppel dann am 22. Juni 2004 die 28 Tonnen schwere Turmhaube mit dem neuen Kreuz aufgesetzt werden sollte. Es war gegen 14 Uhr, als man mit dem Vorhaben begann. Doch es wurde nicht so einfach, wie man es sich gedacht und erhofft hatte. Der Himmel war dunkel, es war ein nasskalter und stürmischer Tag. Erika Tauscher und Renate Beutel erinnern sich noch sehr genau daran: „Immer wieder musste der Versuch abgebrochen werden, die Turmhaube schwankte am Kran hin und her. Es herrschte Windstärke 7." Professor Ludwig Güttler unternahm alles, um mit seinen Blechbläsern die Leute musikalisch bei Laune zu halten, doch auch sie litten unter dem stürmischen Wetter. Ständig griff der Wind unter ihre Notenblätter, die mit Wäscheklammern an den Notenständern befestigt waren.

Die Zeit verging, ohne dass man mit der Turmhaube entscheidend weiterkam. Aber niemand der vielen Schaulustigen verließ den Platz. Es war einfach zu spannend. „Plötzlich, gegen 17 Uhr", so erzählen die beiden Damen, „riss genau über der Frauenkirche der Himmel auf, und der Sturm ließ von einer Minute zur anderen nach." Ihre Schilderungen lassen vermuten, dass der Herrgott selbst sich dort oben quasi ein Fenster geöffnet hatte, um sich ein Bild von der Lage zu machen und persönlich die „Regie" zu übernehmen. Und tatsächlich: Nur wenige Minuten später brachten der Kranführer und die anderen Beteiligten ihr Vorhaben erfolgreich zum Abschluss. Mit dem Aufsetzen der Turmhaube samt Kreuz erreichte die Frauenkirche ihre endgültige Höhe von 91,24 Metern. Annähernd 60 Jahre nach seiner Zerstörung hatte das Wahrzeichen der Stadt damit seine äußere Gestalt zurückerhalten. Und wie von selbst begannen im nächsten Moment alle acht Glocken zu läuten, und die Sonne strahlte bis in den Abend hinein und verwandelte die kupferne Kuppel in glänzendes Gold …

*Die 28 Tonnen schwere
Turmhaube am Boden und
– drei Stunden später –
auf der Kirchenkuppel*

Der Himmel reißt auf, der Herrgott greift ein

Bewegende Momente

Tobias Lochmann steht in der Frauenkirche und schaut sich um. Es ist noch früh am Morgen. Noch keine Spur von der hektischen Betriebsamkeit, die sonst den ganzen Tag über hier herrscht. Für den gelernten Maurer hat sich ein Jugendtraum erfüllt. Der 45-Jährige, der aus einer Pfarrersfamilie stammt, ist der erste Küster der wieder aufgebauten Frauenkirche, deren Weihe nun kurz bevorsteht. Seine Blicke wandern mit einer unbeschreiblichen Ergriffenheit über das Mauerwerk, das er mit gebaut hat. Ihm wird plötzlich bewusst, welch ungeheure Leistung bei diesem gigantischen Puzzle vollbracht worden ist, von allen, von jedem Einzelnen. Hier wurden lauter kleine Kunstwerke gefertigt, von den Steinmetzen, von den Tischlern, von den Bildhauern und Malern, und so manches Gesellen- oder sogar Meisterstück ist dabei abgeliefert worden. Und er ist dabei gewesen.

Pastor Friedhelm Klein von der Neuenhäuser Kirche in Celle verbindet ein sehr persönliches Erlebnis mit der wieder aufgebauten Frauenkirche: Als er bei einem Besuch während der Bauzeit die künstlerische Ausmalung des weiträumigen Kirchenschiffs bewunderte, entdeckte er ein kleines Blattgoldplättchen, das sich vom Grund gelöst hatte. Er drückte es mit seinem rechten Daumen fest. Fantasievoll und mit leicht verklärtem Blick verinnerlicht er sich heute gern, dass sein Fingerabdruck nun „für Jahrhunderte mit der Frauenkirche verbunden bleibt". Auch das ist ein bewegender Moment, wenn er auch nur im Stillen zu spüren ist.

Der heutige Pfarrer der Frauenkirche, Sebastian Feydt, denkt zurück an eine hochbetagte Dame aus seiner damaligen Gemeinde in Leipzig. Die gebürtige Dresdnerin hatte eine unumstößliche emotionale Bindung zu ihrer Heimatstadt und insbesondere zur Frauenkirche, deren Wiederaufbau sie in den Medien mit dem sehnlichen Wunsch verfolgte, seine Vollendung noch erleben zu dürfen. Als der Tag der Kirchweihe bevorstand, bat sie Pfarrer Feydt um Verständnis dafür, dass sie an diesem Sonntag nicht in den Gemeindegottesdienst kommen könne. Sie wolle sich die Übertragung im Fernseher anschauen und miterleben, wie die Frauenkirche wieder in den Dienst genommen wird. Nur wenige Wochen nach der Weihe ermöglichten ihre Kinder der inzwischen 90-jährigen Dame eine Tagesreise nach Dresden und damit verbunden einen Besuch in der wieder errichteten Frauenkirche. Der Aufenthalt in der Kirche wurde zu einer Stunde tiefer Bewegung und Andacht. Wenige Tage nach dieser Reise ließen die

Kräfte der alten Dame in kurzer Zeit zusehends nach. Sie starb noch im selben Jahr. „Es war für mich ein ganz besonders bewegender Moment", so sagt Pfarrer Feydt, „erleben zu dürfen, welche Lebenskraft der Wiederaufbau der Frauenkirche dieser Frau geschenkt hatte und wie die geweihte Kirche ihr den Himmel geöffnet hat."

Viele Deutsche schämten sich ihrer Tränen nicht, als sie am 30. Oktober 2005 die Weihe der Dresdner Frauenkirche miterlebten, ganz egal, ob als einer von 1.800 Ehrengästen, die im Kirchenraum Platz genommen hatten, oder als einer der Hunderttausend, die sich unter dem wolkenlosen Himmel in der Innenstadt der sächsischen Metropole eingefunden hatten, oder als einer von Millionen, die wie die hochbetagte Dame in Leipzig den historischen Moment vor dem Fernsehschirm verfolgten. Es gab wohl keinen, den die Rührung nicht ergriff, als die Glocken der strahlend in der Oktobersonne stehenden Kirche zu läuten begannen.

Bundespräsident Professor Dr. Horst Köhler erinnerte in seiner Festansprache an einen Ausspruch des Dichters Gerhart Hauptmann, der 1945 gesagt hatte: „Wer das Weinen verlernt hat, der lernt es wieder beim Untergang Dresdens." Dem sei, so führte Horst Köhler weiter aus, hinzuzufügen: „Wer die Zuversicht verloren hat, der gewinnt sie wieder beim Anblick der wiedererstandenen Frauenkirche."

Epilog

Anlässlich der Recherchen für dieses Buch war ich zum ersten Mal in Dresden. Fasziniert schweifte mein Blick über das Panorama der Altstadt. Ich stand auf der Carolabrücke inmitten der wunderschönen Elbauen und schaute auf die Elbterrassen, den „Balkon Europas", wie sie ein Publizist einmal trefflich charakterisiert hat. Während ich neugierig das zeitlos schöne Gesicht dieser Stadt betrachtete, horchte ich in mich hinein, was sie mir zu sagen hat. Und allmählich konnte ich nachempfinden, was damals in Sigrid und Wolfgang Kühnemann vorgegangen ist.

Meine Blicke wanderten verträumt über die malerische Silhouette und verweilten respektvoll auf den historischen Bauwerken, angefangen bei der Brühlschen Terrasse mit der Festung Dresden, weiter über die Kreuzkirche zur ehemaligen Hofkirche und heutigen Kathedrale, schließlich zum Residenzschloss und zur Semperoper. Völlig versunken in diesen Anblick wurde mir wie vielen Menschen zuvor bewusst: Dresden ist nicht einfach nur eine Stadt, sondern vielmehr der Höhepunkt einer einzigartigen Kulturlandschaft, die über Jahrhunderte gewachsen ist und sich dabei kontinuierlich entfalten konnte.

Das einzigartige Flair und den frischen Atem dieser historischen Stadt spürend spazierte ich über die Brühlsche Terrasse. An der Treppe, die zur Münzgasse hinunterführt, standen zwei junge Leute mit Banjo und Mandoline und spielten eine Cembalo-Komposition von François Couperin. Der Wind zerzauste übermütig ihr Haar, streichelte ihre lachenden Gesichter und spielte mit ihren Notenblättern, während ich mich wie all die anderen Passanten durch die uns umgebende Kulisse und die verinnerlichte andachtsvolle Musik der beiden Studenten ins Barock zurückversetzt fühlte. Ich schritt die Treppe hinab, bummelte durch die Münzgasse mit den aneinander gereihten Cafés und Restaurants zum Neumarkt und näherte mich der Frauenkirche.

Es ist nicht zuletzt dem unermüdlichen Engagement der in diesem Buch beispielhaft genannten Menschen und ihren Benefiz-Aktionen zu verdanken, dass mein Weg nicht vor dem ehemals 13 Meter hohen Trümmerberg endete, sondern dass ich eintreten durfte in dieses unbeschreiblich schöne, wieder aufgebaute Gotteshaus, das längst zum weltweiten Symbol für Versöhnung geworden ist. Seine Ausstrahlung von Wärme und Geborgenheit kann kein Foto und keine Beschreibung auch nur annähernd so wiedergeben wie das persönliche, unmittelbare Erlebnis, wenn etwa die durch die hohen Fenster einfallenden Sonnenstrahlen wie die segnende Hand Gottes durch den Kirchenraum schweben, sich unter der hohen Kuppel ausbreiten und die Herzen erwärmen. Ich bin sehr dankbar für diese wunderbare Erfahrung und für die Begegnung mit den Menschen, die das ermöglicht haben.

Rolf-Dieter Diehl

Blick von der Brühlschen Terrasse auf Münzgasse und Frauenkirche